獻給

心靈的建築大師

貝瑪嘉烈女士

Margaret Millicent Benner

（1920～1996）

心靈關顧

修正基督徒的培育和輔導觀念

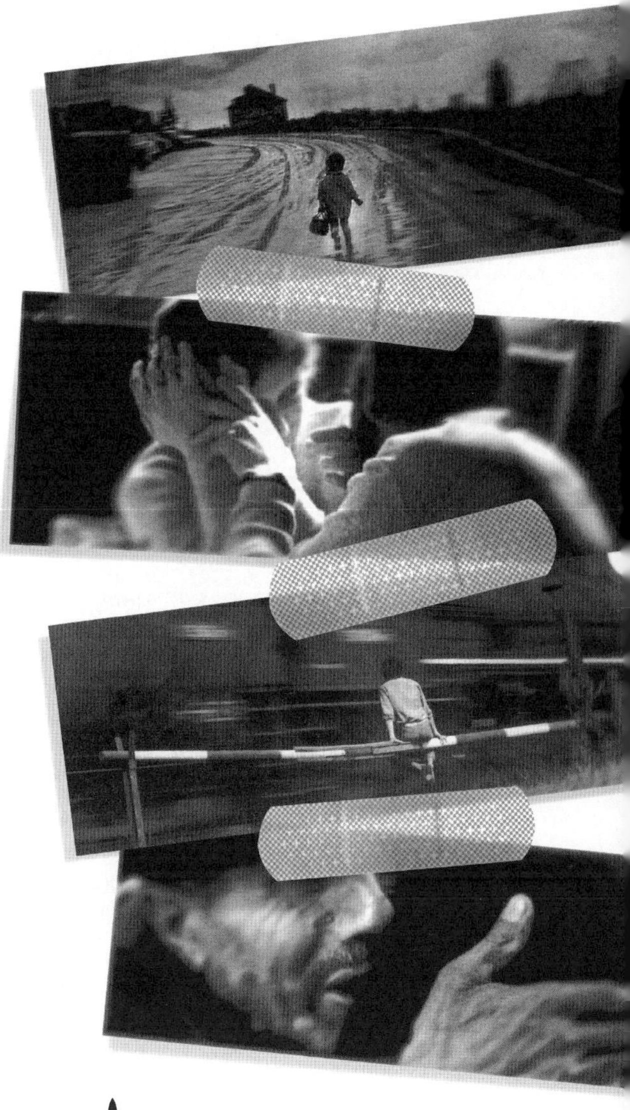

貝內爾 著
尹妙珍 譯

▼

教會事工系列．牧養輔導

心靈關顧

修正基督徒的培育和輔導觀念

Care of Souls

Revisioning Christian Nurture and Counsel

原著
貝內爾 David G. Benner

譯者
尹妙珍

審閱
成曾淑儀、李慧儀

執行編輯
李慧儀

裝幀設計
胡立強

■

出版／發行
基道出版社
香港沙田火炭坳背灣街 26 號富騰工業中心 1011 室
LOGOS PUBLISHERS
Unit 1011, Fo Tan Ind. Centre, 26 Au Pui Wan St., Shatin, Hong Kong
電話：(852) 2687-0331 **傳真**：(852) 2687-0281
網址：http://www.logos.com.hk

承印
雅聯印刷有限公司

●

2/2002 初版 3/2004 二版
Cat. No. LP337-2A
ISBN-10: 962-457-194-5
ISBN-13: 978-962-457-194-3
Originally published in English under the title
Care of Souls by Baker Books,
a division of Baker Book House Company,
Grand Rapids, Michigan, 49516, U.S.A.

Printed in Hong Kong

刷次	12	11	10	9	8	7	6	5	4
年份	2023	2022	2021	2020	2019				

作者中文版序

雖然我不是深諳當代中國及亞洲文化，但在我看來，東方人還沒完全失去生命的靈性向度，不像西方那樣早已遺失了這方面的傳統。有一些人，他們身處的世界認同將內在生命的心理和靈性分開的觀念，他們就在這種想法下成長，本書的英文版是為他們而寫的。須知道，將心理和靈性截然二分的後果，就是靈性變得不值一提及心靈更形貧乏。

中國文化似乎仍然比較貼近超世俗的世界觀，心靈的地位還沒有被徹底地錯置。但在教會增長背後所付出的，卻似乎是深度的培育。而且，因著基督徒的靈性觀缺乏心理學的基礎，往往使基督徒的心靈關顧起了激進的演化。

以轉化來形容基督教心靈關顧，是為了令大家注意一件事，基督徒的靈命之旅不單只是改變信仰和習性，更根本的，是要在基督裏成為新造的人。基督徒從心底裏互相關心，他們大家都希望能幫助對方得以從內至外成長。而真正的基督教心靈關顧，就是以幫助一個人成為完全及聖潔為目標。

為了要提供此一類型的關顧，了解心靈的動力是相當重要的，尤其是內在生命的心理和靈性向度互為影響的方式。這正是我以下要説明的。

基督教心靈關顧的責任不應再局限於牧者、基督徒輔導員、靈性導師或是對這「專業」深感興趣的人之中。所有基督徒都被呼召，要去培育與他們息息相關的人的內在生命。當我們之間的互動關懷能反映出真誠對話之最高理想，它們便成為神恩典的管子。我們所遇到的不單是對方，更是神自己。深切盼望此書中文版的面世能鼓勵大家更多參與這種深入的相交。

我寫此書，亦希望能幫助那些關懷別人心靈的人，叫他們也關懷自己的心靈。學習照顧內在生命是至為重要的，這不單是為了幫助別人，亦是為了幫助自己。那些關懷別人的靈性和心理的，他們必須與神有親密的關係，亦需要在他們心靈的深處與神相會。他們必須養成在內心的花園中安靜地與主同行的習慣，學習留意內心世界發出的信息，以配合神希望他們從內心作出的轉化。

沒有比基督教心靈關顧更崇高的召命。責任重大，賞賜卻更大。深願此書能幫助那些提供心靈關顧的人，願意書中的建議叫他們得益。

貝內爾

加拿大安大略

二○○一年七月十九日

致謝

本書代表了我的一個思想歷程，由我一本現在已經絕版的著作《心理治療與靈性追求》(*Psychotherapy and the Spiritual Quest*，1988) 開始，繼而在我於北美洲、歐洲、南非和東南亞等地的講課中一路延伸。第四章和第六章根據以上那本書的資料寫成，其他則取材自以下的講課內容，依次是：喬治亞州亞特蘭大的臨床神學學院 (The Institute of Clinical Theology，第一章)、捷克布拉格的查理斯大學 (Charles University，第二章)、南非開普敦的基督徒靈性栽培學院 (The Institute for Christian Spirituality，第五章)、星加坡衞斯理輔導中心 (Wesley Counselling Centre，第七章)，南非伊麗莎白港的羅茲大學 (Rhodes University，第八章) 和英國牛津的臨床神學協會 (The Clinical Theology Association，第十章)。我不得不感謝在上述場合與我傾談，給我寶貴意見的眾多同道。較之於我以前所寫的任何一本書，本書收集了我與更多人在對話過程中所得的豐富見解——這簡直可以算是一本合著，作者的姓名應該不只我一人。

這裏有些人我必須一提，因為他們與我之間的分享，實在對本書以及我的人生帶來很大影響。我深深感謝韋爾士伉儷(Paul and Valmai Welsh)、巴絲韋特(Judy Bassing Waite)、范德卡斯特爾伉儷(Peter and Pat Van de Kastelle)、約士蓮(Brenda Joscelyne)、活仕(Peter Woods)、夏德遜伉儷(Trevor and Debbie Hudson)、基高夏利(Jaro Krivohlavy)、馬德寶(Henry Madibo)、馬力嘉(George Malik)、威爾士(Merran Welsh)、哈維伉儷(Bob and JoAnn Harvey)、穆恩(Gary Moon)、吳氏伉儷(Julie and Danny Ng)、肯寧漢伉儷(Tom and Trish Cunningham)、黃氏伉儷(Philip and Emilyn Wong)、伊倫士(J. Harold Ellens)和羅雅茲(Harold Rhoades)——他們全都有份牧養我的心靈。最後我要深切感謝的，當然就是我的愛妻朱麗葉(Juliet)，一直以來她都是我的靈裏良伴。若不是有這眾多良朋與我同路，不單這本書不可能出現，就是我的生命也不會那麼豐富而多采。

目錄

導言

靈魂的再發現及心靈關顧的重新復興

在踏入二十世紀之前，由神學家和哲學家所提出的靈魂的觀念，一直是用以理解人的一根重要支柱，同時也廣為願意思考這方面問題的人所接受。但來到二十世紀初，這一切卻發生了急劇的轉變。突然間，靈魂變成過時的觀念。箇中原因很複雜，要詳盡探究便超出本書的範圍和焦點。但其中有兩點特別值得留意：一是神學家反對柏拉圖 (Plato) 那套流行於世的靈魂觀時，他們所作出的反應；其次就是現代心理學的興起。

兩千年來，柏拉圖的靈魂觀一直在哲學家和神學家中間發揮著獨特的影響力。按照柏拉圖的觀念，不朽的靈魂被必死的身體拘禁，渴求在人死亡那一刻得著釋放；這與原初希伯來人對人本質的理解有極大的出入。神學家重新發現舊約更整全的人觀，引致質疑柏拉圖對靈魂的看法之餘，也一併否定有關的身體靈魂二元論。但是，心靈的觀念卻因與柏拉圖思想扯上關係而受玷污，在神學的領域中被棄之一隅。[1]

另一邊廂，現代心理學對於任何涉及靈魂的觀念亦深感厭惡。這實在是相當矛盾的，因為「心理學」(psychology)一詞的字義，正是「靈魂的科學」。但是，在實證主義哲學那無遠弗屆的影響下，這「靈魂的科學」將變成沒有靈魂的科學，因為心理學家都規避任何看不見的東西，將研究的焦點集中於人的行為。[2] 現代心理學為求與科學並列和與宗教保持一定的距離，只會視靈魂為舊日遺留下來的一個不必要的包袱，無論如何也要避開。轉瞬之間，在這個愈趨物質化、世俗化和心理學化的文化中，其他大多數人也當然視靈魂為無關痛癢的東西。

因此，在過去的十年，靈魂的觀念突然再次出現，委實令人感到驚訝。隨著摩爾(Thomas Moore)的著作《隨心所欲》(*Care of the Soul*)[3] 成為暢銷書，出版商立即覺察到這是一個新市場，其他以此主題為名的書籍便一窩蜂地推出。更加出奇的是，人之所以對靈魂及其護理重新感興趣，是因人對靈性問題重新感興趣。人對靈魂感興趣的同時，也對天使、通靈、冥想和貴格列聖詠(Gregorian chant，天主教採用的聖詠)感興趣。因此，那被重新發現的人的靈魂不再是甚麼縹緲的、不朽的、柏拉圖式的存在實體，卻是人格中一個充滿活力、能真實體現的靈性核心。

靈魂觀念的重現及對靈性追求的相應關注，其意義不容忽視。一方面，它似乎代表人們對物質主義的反抗。不管人們心目中所想的「靈魂」是甚麼，它都是看不見和非物質的。因此，在這個人人只顧追求「實物」——眼看得見、手摸得到，和可以放進銀行帳戶裏——的社會中，靈魂根本就不應存在。

另一方面，在過去十年，隨著人們對靈魂再感興趣而興起的靈性追求，也是對宗教——尤其是基督教——的一種反抗。因很多對復興靈性感興趣的人，在追求的過程中，只會在末路才會到教會尋求這方面的指引。靈性追求的興起，似乎不單是對物質主義破產的一種反應，也是對傳統西方宗教明顯的不濟時的一種反應。

意識到這一點，基督徒往往以懷疑和敵視的觀望態度來看這些發展。我們一方面以輕蔑的態度稱之為「新紀元運動」，另一方面又逐點指出它如何偏離傳統基督教對靈性生命的看法，可是，卻往往無法欣賞二十世紀末那些擁抱非基督教信仰者那種對靈性的渴求。我們亦不明白主流世界觀已隨著現代主義崩潰而出現轉移。正如許多留意到這轉移的人曾經指出，西方不再純粹是後基督教（post-Christian）的世界，它如今亦已經進入後現代（postmodern）。靈魂的再發現和對靈性追求再感興趣，均形成這發展的根本部分。

在不能輕看這些發展對基督教構成重大挑戰之同時，本書的兩類基本讀者——牧職人員和從事精神健康專業的基督徒——亦必須意識到這些發展帶來了重大的時機。心靈是心理和靈性的交匯點。這表示：心靈關顧將要同時採納現代心理治療最精闢的見解和傳統基督教的進路，以致對人的關懷和醫治絕不能再接受把人的心理和靈性作人為的分割。對心靈有正確的理解，能將人的心理和靈性重新結合起來，並且引導那些關懷別人心靈的人，懂得讓他們的關懷接觸到人最深層的內心世界。

對於在心靈關顧一事上被邊緣化的牧職人員來說，這無疑打開了一個扭轉頹勢的機會。隨著現代治療心理學將心理和靈性分家的做法已普遍被社會人士接受，結果便造成教會被認定只能對應人的靈性需求。人的內心世界如今既被分割為不同部分，而在人的心目中，神基本上只對宗教事宜感興趣，於是，教會便幾乎完全放棄制定或提供任何引導人全面整理內心生活的行動。這最終導致心理治療師取代了牧職人員的角色，成為醫治人心靈的醫生。牧職人員若要重新回到他們應有的崗位，負起關懷和醫治人心靈的責任，首先必須清楚明白人的心靈具有心理和靈性這兩方面本質。

從事精神健康專業的基督徒可能更需要重新認識心靈及心靈關顧。這門專業所提供的典型關懷模式，無論取材和目標方向，均完全以現代心理治療對醫治的看法為依歸。從事這門專業的基督徒往往要自行摸索如何將個人的信仰與專業結合。這個要將兩者結合的觀念，其中一個弊病就是假定兩件事基本上是完全分割的，要透過創意和努力才可以連結起來，遺漏了兩者乃相連的事實。心靈既是人心理和靈性的交匯點。那麼，心靈關顧就必須包括靈性和心理兩個層面。從事精神健康專業的基督徒，他們若敢於接納把輔導和心理治療重新定位為心靈關顧，而帶來的代模轉移，就有可能給心靈提供更有活力、更有靈性和具有基督徒特色的關顧和醫治。

如今靈魂再次成為探討主題，人們對心靈關顧再次回復興趣，不論對牧職人員或從事精神健康專業的基督徒而言，都是一個更整全地推動基督教事工的機會。基督教心靈關顧若能成功地把人的心理和靈性兩方面重新結合，就有機會彌補這項關懷工作一直以來的兩大不足——欠缺適切性和效能。

正確理解人的靈魂，亦牽動了復興基督徒靈性的可能。基督徒的靈性觀慣常人為地二分心理和靈性的另一個後果，是單強調認識神而不重視認識自己。可悲的是，這往往導致人的靈性並非建基於他整個人的生命，亦未能真正與他全人每一部分結合起來。這種信仰不單不能夠進入我們內心深處，從最根本改變我們，同時亦有可能引導我們陷入各種與表裏不一有關的危險。一個無法得到我們整個人回應的信仰，將無可避免地成為一個進一步使我們自身割裂的信仰。反之，了解基督教信仰乃肯定深入認識神和深入認識自己是相輔相承的，這樣的信仰才能在我們心靈深處來整合我們，使我們同時變得完全和聖潔。

叫這些可能性實現，祕訣在於重新回復歷史當中基督教對於心靈關顧的豐富傳統，再加入現代治療心理學的精闢見解，使之更錦上添花。即使我們可扭轉歷史，這也絕非可取的做法。因循過往，絕不能為基督教的心靈關顧帶來活潑的生命力。基督徒的生命需要被救贖，而不是倒退。我們的使命是要重新找回過往的精髓，再融和現今新知的菁華。

教會若要真正對應二十一世紀新人類的人生訴求，就絕對有需要去認識人的心靈和心靈關顧之動力。近這十數年，在這項關懷工作中承擔了主要責任的臨床精神健康專業人員，亦必須了解人們向他們揭露心理問題的背後，是如何隱藏著靈性問題。除此之外，凡欲幫助別人在個人和基督徒生命成長的，也得對成長所涉及的範圍作更深的認識。無論是家長、教師、朋友，或是輔導員、牧職人員和屬靈導師，在與別人一同走上那學效追隨基督的旅程時，必須手持地圖，認清前路。這正是我們將要嘗試探討的。

探討之前，我們必須認清一個事實：心靈的本質不可能被精確地描繪出來。倘若心靈的地圖剔除了奧祕，那麼，便會一併剔除心靈本身。因此，我們要準備接受一個可能看來含糊的定義和界線似乎模糊的領域。我們將會發現，靈(spirit)和奧祕是息息相關的。儘管不是所有奧祕都牽涉靈性，但真正的靈性卻總保留一絲神祕。因此，我們不應期望心靈的地圖剔除了奧祕，那實在是人類心理靈性本質中的一部分。

在我們正式踏進這個認識心靈和心靈關顧的旅程時，我們會先探究基督教心靈關顧的歷史，找出前人理解和實踐心靈關顧的重要理念。接著，我們會探討二十世紀，宗教衰落和具治療作用的心靈關顧興起的原因，指出與這發展有關的其中一些得與失。這叫我們繼續檢視人的心理與靈性兩個層面之間的關係，並探究二者介入與追隨基督結合的特有靈性狀態的方法。最後，以心理靈性為焦點來探索基督教心靈關顧，總結本書的第一部分。

本書第二部分由理論進到實踐，首先會探討心靈關顧的核心——對話。在這方面，我們會反省從治療和牧養對話中所學到的功課，找出這種要求嚴格的人際溝通方式之理想與挑戰。然後，我們將探討潛意識——和特別關注到夢——在基督徒靈性和邁向完全的成長路上所發揮之作用。接著，我們會檢視基督徒心靈關顧的各種形式，以及這些不同的方法如何讓信徒彼此給予最佳支援。最後，我們會從給予和接受這兩個角度，檢視心靈關顧所面對的實際挑戰，作為總結。

接下來那有組織的主題，就是心理與靈性的關係。我們會同時在基督教心靈關顧史及基督教徒的靈性核心中發現這種關係。當我們繼續朝這路向探索的時候，將發現心理和靈性根本與我們的潛意識、夢與徵兆、健康與病態互相緊扣。最終，這又會引導我們的討論去到心靈關顧的對話裏的心理靈性焦點之上。

我們這個旅程的目的，是希望透過釐清一些概念，對復興具有基督教特色的心靈關顧作出貢獻，藉此實際幫助那些正參與此項工作的人。正如我們將會看見，這項工作不僅牽涉牧職和精神健康專業人員。家長、教育工作者、朋友、參與任何類型事奉的基督徒、醫護人員、心理和精神科專業人員、輔導員、朋輩輔導者，和所有願意扶立、關心和醫治別人的基督徒，都有分於這個關懷行列。上述人士以及更多的人，都可藉著理解心靈關顧所涉及的範圍而得益。心靈關顧作為教會事工不可或缺的一環，他們每一位於復興心靈關顧一事上，都擔當決定性的角色。這書正是為此而寫成。

第一部

認識心靈關顧

1

何謂心靈關顧？

「心靈關顧」這個概念儘管對現代人來說可能會有點古怪，但它所指涉的那種活動，卻早已在基督教——以及更早的猶太教，佔上重要的位置。「心靈關顧」乃英文片語care of soul的中譯，源自拉丁文的*cura animarum*。*Cura*一字一般譯作關懷（care），但實際上卻同時包含關懷和醫治這兩個觀念。**關懷**所指涉的行動，在於鞏固某事或某人的美好狀態；而**醫治**所指涉的行動，則在於修復已失落的美好狀態。基督教教會長久以來均採納*cura*一字的雙重含意，亦一直明白到心靈關顧不單只是培育和支援，同時也要醫治和修復。

掌握*cura*之觀念，比明白*animarum*之觀念容易得多。千百年來，哲學家一直對靈魂（soul）的本質辯論不休，要達成共識至今仍遙遙無期。神學家亦有感**靈魂**的定義難以捉摸，因為有關的希伯來和希臘原文字詞，於聖經有極其眾多的譯法。

希伯來字*nepesh*和希臘字*psyche*最常翻譯作**靈魂**。這些字詞所代表的概念於聖經中有非常豐富的含意。例如，*nepesh*

這個字在舊約的含意，可涵蓋生命、人的內心世界（特別是思想、感覺和情感），以致整個人——包括身體。靈魂被視為活人所獨有；人有靈使他有別於動物和死人。靈魂也是人的情感、意志和德行的來源。新約所用的希臘字*psyche*也帶有這個全人、肉體的生命、意念和心思的類似含意。這裏，靈魂亦被展示為人的宗教中心，以及慾望、情感和身分的所在。

不少聖經學者認為，最能表達*nepesh*和*psyche*的字是**人**（person）或**我**（self）。如此理解最大的好處，是這兩個字均帶有整全（wholenecss）的含意。我不是人的一部分，而是全部。同樣地，人格（personhood）也不是我們的某部分，而是指向我們整個存有。賴德（George Eldon Ladd）指出：「近年來，學術界已承認諸如靈、魂、體等術語，並非指構成一個人的不同分割官能，而是了解一個整全的人之不同方式。」[1] 當代聖經學者普遍認同這種見解。

從這個角度來看，我們不是有一個魂，我們正是魂。同樣地，我們不是有一個靈，我們就是靈。我們也不是有一個身體，我們乃是身體。人是一個活生生的「完全體」。整全和一體並不表示各組成的部分不能獨立存在。[2] 聖經指出，身體和靈魂會在人死的那一刻分開，這狀態一直維持至身體復活。然而，這種分開只是一種暫時性和不自然的狀態。我們在永恆裏將再次成為有軀體的靈魂和有靈魂的身體。這才是人的正常狀態。

為了方便討論，我們暫且把Soul（下譯作心靈或靈魂）的定義，理解為包括身體的整個人，但仍將焦點特別放在思想、感覺和意願的內心世界。心靈關顧因此便可理解為全人關懷，而尤其關注的是他們的內心生活。[3] 但這種關懷卻絕不可以漠視人的身體或行為給外界傳遞的信息。正確來說，心靈關顧是要滋養人的內在生命，並且引導人藉著身體以外在行為將這個內在生命表達出來。這就是說心靈關顧便是全人關懷的含意。關顧身體可以包括關顧內心，可惜，事實卻往往並非如此。然而，心靈關顧卻不可忽略全人——靈、魂和體——的考慮。

不單尊重別人是個獨特的人，更要進入和回應他們生命中最深邃和隱密的人性面向，心靈關顧就是要這樣關懷人。為此，心靈關顧就得優先從靈性和心理的角度去關注人的內心世界。這兩方面正是人之所以為人的最獨特標記。不過，真正的心靈關顧，卻絕不可以單單關注人某一方面（靈性、心理或身體），而對其他方面則完全置諸不理。若關懷稱得上是心靈關顧的話，就絕不可以單單對應某一部分或集中處理問題，卻應該將兩個或更多的人彼此連結起來，達致全人的培育和成長。

總括而言，我們可以將心靈關顧定義為從最深切和最整全的方式去鞏固和修復人的美好狀態，又特別關注他們的內在生命。若用稍後將會更詳盡説明的措辭來表達，這種關顧的目的可以説是為了培育這內在自我的心理靈性成長和健康。

心靈關顧在古希臘的淵源

佩德羅（Pedro Lain Entralgo）在其著作《古代經典的話

語治療》(*The Therapy of the Word in Classical Antiquity*)中,追溯西方心靈關顧的源起,遠至主前五世紀古希臘的修辭學家。[4] 儘管有組織的關懷模式大概不是在這時期首先興起,但它仍值得我們重視,因為最早將身體護理與靈魂關懷分開的正是古希臘人。柏拉圖曾經指出,身體的醫生藉著醫術醫治身體,而靈魂的醫生則藉著言語來醫治靈魂。他視修辭學為小心選擇措辭的魔法,當他描述這魔法醫治紊亂的靈魂的能力時,他甚至確認小心選擇措辭對安撫和淨化靈魂有極其重要的價值。他那種將關懷身體和靈魂截然二分的方式,雖然會造成兩極化的反效果。可是,他能夠認定對話乃關懷靈魂的基本方式,對日後關懷模式之發展影響深遠。

然而,在古希臘芸芸修辭學家中,對於作為靈魂醫生,表現得最有清晰遠象和熱切投入的,首推蘇格拉底(Socrates)。蘇格拉底稱自己為靈魂的醫生;**精神病醫生**(psychiatrist)一詞,正是從希臘字*iatros tes psyches*衍生而來。蘇格拉底在〈辯解篇〉('*Apology*')中宣稱自己在年青時飽經戰亂而不死,便知道神已揀選他要獻身於哲學。但這並非甚麼象牙塔式的學術事業。他在自述中指出:「〔我〕窮了畢生時間四出勸導你們——無論老少——去明白一個事實:就是最需要你們關心的不是你們的身體或財產,而是如何使你們的靈魂獲得最大的福祉。」[5] 藉著鑽研使用字詞去說服、反詰及引導的方法,蘇格拉底明白到他的任務是引導人經過困惑,邁向完全的終極目標。他的解說令我們對心靈關顧的對話所具備的醫治潛能有豐富的理解。這其實比後來歸功於弗洛依德（Freud）所興起的所謂「談話治療」，足足早了二千五百年。

直至目前為止，除了希臘和羅馬早期文化，歷史中的大部分文化均把心靈關顧視作宗教領域的專長。事實上，從古代閃族（Semitic）文化一直至今，心靈關顧的歷史亦確實顯示宗教具有這種功能。每種文化和每個宗教對此關懷的理解和實踐都略有不同。但是，在這種種理解和實踐中，都牽涉同一主題，這主題可被形容為：「在那些越出動物生命需求範疇以外的事情上，為人提供支援和治療。」

心靈關顧在猶太教的淵源

基督教心靈關顧的根，可追溯至比希臘文化早幾百年的古以色列。猶太人在一個明確的道德架構中進行心靈關顧，且與律法的教導密切相關。祭司、文士、先知和智慧人這四個階層的聖人，便是透過解釋妥拉（Torah；編按：即律法書）和教導人如何將之應用在生活上，來進行心靈關顧。[7]

祭司在心靈關顧方面的職責，主要是在人違背了立約的律法時替人贖罪。儘管我們一般會認為祭司的工作主要是為觸犯律法的人獻祭贖罪，但其實，他們亦勤於向百姓講解律法。文士和後來的法利賽人則精於將律法應用在日常生活中。由於他們的生活方式與普羅大眾十分接近，因此，他們便可以引用妥拉，為百姓在生活中所遭遇的問題提供意見。儘管先知不用參與個人指導的工作，但他們是以國家整體作為心靈關顧的焦點。他們所做的，顯然是根據律法所提供的道德處境而做的。對比於眾先知主要從情感入手，喚醒人們悔改，智慧人便側重於討論和理性的勸導。智慧人在教導同胞有關美好人生的原則時，引用的往往不單只是妥拉，還有埃及、米索不達米亞和甚至是希臘的古代智慧。[8]拉比後來取代了智慧人，作為靈性導師。

對於那些關懷別人心靈的人，其中一個最有力的圖象，便是舊約的牧羊人。牧羊人引導羊羣到糧水充裕和四野平安之地，保護牠們免遭危險，又隨時甘作重大的個人犧牲。他們的特徵是剛柔並重，滿有憐憫和勇氣。先知以西結所描述的心靈牧人，會帶領和引導羊羣、為牠們張羅食物、確保牠們平安、醫治有病的、包紮受傷的，和尋找迷失的(結三十四2～16)，當神所指派的心靈牧人未能克盡己職，神便會親自牧養牠的羣羊(結三十四15)，把羊羔抱在祂的懷中(賽四十11)，和溫柔地引導百姓到可安歇的青草地(詩二十三2)。這個圖象，直延伸到新約，當中基督被描繪成牧人，祂會引導和保護祂的羊羣，並且為羊捨命。

耶穌是心靈牧人的典範

在**關懷靈魂**的歷史中，耶穌佔據了一個獨特的位置。在某個層面，祂可以被視為一位道德教師，就像猶太教傳統中的祭司、文士、先知和智慧人。祂當然明白到祂所做的，只是延續在祂之前幾百年他們已一直進行的工作。儘管祂不時對文士和法利賽人發出嚴厲批評，但祂本身卻又經常發揮與他們相類似的功能。這位常被人稱作「拉比」的夫子，便曾經宣稱祂來不是要廢棄律法，乃是要成全律法。

祂每到一處，都向人宣講神旨意中的道德要求，並且呼籲個人和羣體悔改，又叫他們明白迎向祂的國將臨到地上而努力作工的重要性。

然而，耶穌卻絕不僅是一位道德教師。祂所關注的不單是神的律法，祂最關心的更是神的子民本身。正如福音書所陳述的，祂主要是以對話的方式來醫治人的心靈。耶穌致力引導人真心悔改，使人完全改變過來。祂要傳給人的，是一個關乎救恩和豐盛新生命的信息。祂透過祂的一言一行，向祂所遇到的每個人宣揚這個信息。祂固然有採用言語的教導，但是，從祂經常運用間接和甚至吊詭的教導方式，便顯示祂不僅期望受眾在理性上明白祂的教導，更盼望他們的人生得著重整。

耶穌那種**關懷人**的方式，乃基於祂認定人有無限的價值。祂在路加福音十五章所講的幾個比喻，便旨在道出即使一個人悔改也是極為寶貴的主題。我們在這章經文看到與救贖有關的莫大喜樂：牧羊人找回那失去的一隻羊而興高采烈，婦人尋回那失落的一塊錢而快樂歡喜，到最後，天上眾天使會因一個罪人願意悔改而高歌歡騰。在耶穌警告人切勿使初信者跌倒的教導中，亦凸顯了祂如何重視人的心靈。祂強調若有人使初信的一個小子跌倒，倒不如把大磨石拴在他的頸項上，扔在海裏(可九42)。

墨尼爾(McNeill)指出，耶穌給我們展示兩份極大的禮物，正是我們在內心深處所渴求的，它們就是靈性的更新和屬靈的安息。[9]人可藉著重生得著靈性的更新，這是耶穌教導的最核心觀念。這個新的開始是如此的徹底和全面，以致最能夠用出生的象徵來充分說明。至於屬靈的安息，則有耶穌親自解釋——凡勞苦擔重擔的人可以到我這裏來，我就使你們得安息（太十一28～30）。這並非表示我們不用再勞苦工作，反之，耶穌是用了一個輕省的軛來替換了我們原來那沉重的軛，並且使我們重新得力去承擔工作。

從福音書中找出耶穌作為心靈牧人的特質，相信會帶給我們極大的啟發。如此給我們看見耶穌怎樣待人，祂：

- 去到他們那裏接觸他們
- 充滿憐憫
- 勇於指出當前所面對的道德問題，但卻從不定人的罪
- 說話帶有權柄
- 鼓勵人作出抉擇
- 提出直刺人心的問題
- 肯定人作出的信心回應
- 言行會令人感到震驚
- 定下界限，以身作則
- 視每個人為獨特的個體
- 以肯定別人價值的態度來與人相處
- 從不強迫人或操縱人
- 採用日常的言語說話
- 不會低估作門徒的代價
- 不單處理人的行為，還處理人的動機
- 喜歡與人對話多於自說自話
- 尊重文化規範，但卻不受其轄制

- 對身體和心靈的緊密關係表現出全面的關注
- 從來不會讓自己的需要攔阻祂去滿足別人的需要
- 挑戰人不要滿足於次好，要爭取神給他們的最好福份
- 按對方接受和饑渴慕義的程度來決定給予多少
- 鼓勵人參與，而不是被動的接受
- 不是要滿足別人的要求，而是要滿足別人的需要
- 辨認人深深隱藏的靈性問題
- 容許別人漠視或拒絕祂的幫助
- 不單給予意見，乃是獻出自己
- 接受別人對祂的信任

心靈關顧在基督教的淵源

一直以來，基督教的**關懷靈魂**有兩個重要元素：糾正罪之惡果和促進靈性成長。有趣的是，這兩個元素與先前討論的拉丁文片語*cura animarum*的兩個含義密切相關。我們可以把心靈**醫治**理解為我們對糾正罪惡這需要的回應，至於心靈**關顧**，則是我們對追求靈性成長這需要的回應。基督教自古以來便一直致力結合兩者。

儘管各個基督教主流傳統都對罪有不同的理解，但是，在關顧的過程中，對於罪的補救方法，通常都是圍繞認罪和悔改。羅馬天主教主要把焦點放在明確的罪行上，在告解室裏先讓當事人憶述，然後再由他們羅列自己的種種罪行。當馬丁路德(Martin Luther)在一五二〇年發表他對羅馬天主教心靈關顧的批評時，亦承認列出和沉思明確的罪行有某些價值，但卻更承認一己之罪行乃源自人的內心。[10]清

教徒、路德宗的虔敬派和加爾文主義的奮興家都堅持這重點，而且格外強調悔改的**感覺**，以及得赦免和重生的**經歷**。這種較強調以經歷來處理罪的方式，由那時起便一直成為許多復原教宗派的一個突出元素。

基督教心靈關顧的第二個重點，在於幫助個人的靈性成長。這通常被視為幫助人由敗壞進到聖潔的一連串歷程。儘管有關靈性成長階段的討論往往牽涉羅馬天主教的神學，但這種對靈性生命成長的看法其實在復原教也一直有其重要位置。在清教徒神學家身上也許可見到此成長階段的頂峯。在十六世紀，帕金斯 (William Perkins) 詳列了靈性成長的十個階段，而其他清教徒便繼續著墨描寫屬靈的各種形態。姑勿論採納哪一種靈性成長的理論，基督教的心靈關顧，一般都是著力於幫助人藉著某套靈性成長模式，向一個又一個階段進發，最終達致成熟。

從基督的時代開始，基督教會便一直致力使心靈關顧成為自己的其中一項主要功能。我們早在第一世紀便看見這點：那些用作靈性指引的書信，便是在這時期為我們保留在新約之中——路德和其他改教家相信也是參照這種形式，以書信作為心靈關顧的基本工具。這些書信反映初期基督徒是如何熱切引導那些追尋基督的人追求靈性成長。

一直要到第四和第五世紀，在埃及、敍利亞和巴勒斯坦的沙漠教父中間，才有迹象顯示出現過有規模的心靈關顧。門徒主動尋求這些聖人的幫助，來使自己更加聖潔。教父的任務是藉著禱告、關懷和引導來培育他們的屬靈兒女。他們強調信徒在屬靈道路上前進時，若沒有一嚮導指引，便會有危險。然而，他們卻並非給予權威性的引導；乃是先作身教，然後才作言教。彼拉多(Evagrius Ponticus，345～399)和卡西尼(John Cassian，360～435)是這沙漠教父傳統的兩位重要代表人物。

東正教的傳統亦尊重靈性導師的角色。一位第七世紀的靈性導師聖多羅非奧斯(St. Dorotheos)曾經在他的著作《屬靈操練指南》(*Directions on Spiritual Training*)中指出，「那些在尋找神的道路上沒有導師指引的人，恐怕是人世間最不幸和最接近沉淪的人。」[11] 十一世紀的聖西緬(St. Simeon)亦附和這種見解，他認為任何人都不能靠自己學會他所謂的「美德之藝術」(the art of virtue)，因此，他力勸那些尋求靈性成長的人務必尋找一位靈性導師。有趣的是，這種指導人追求德性的觀念，與希臘修辭學家和哲學家所持的心靈關顧觀念非常近似。事實上，早在羅馬哲學家西塞羅(Cicero，主前106～43)的著作中，便已經闡述了心靈醫治必須涉及與另一個人建立關係的看法；他指出，有病的心靈不能自醫，只能透過遵照其他智者的引導，才可得痊癒。

到了十五世紀，基督教心靈關顧的模式已傳到俄國，那裏的靈性導師被稱為*startsy*(俄語，意即長者)。他們模仿基督作為好牧人的角色典範。他們認為牧人的最基本職責，是願意陪同羊羣和為羊受苦。因此，作為靈性導師的「長者」必須願意愛人，以及對別人的痛苦感同身受。這種要求心靈牧人一同受苦的觀念，對那些提供心靈關顧的人來說，實在意義重大。心靈牧人不能對關顧對象之痛苦，隔岸觀火。反之，他們必須感同身受，進入被關顧者的內心世界，親嚐他們的痛苦。[12]

儘管最早期的靈性導師多數是神職人員和修士，但在改教之前的西方教會，愈來愈多平信徒承擔此職責。在英國的凱爾特人(Celtic)教會，其中幾位最有名的靈性導師均是女性。十三世紀的道明會(Dominicans)亦同樣有修女參與靈性指導的工作。儘管如此，教會對靈性導師的要求仍是始終如一；他們必須具備精鋭的洞察力和判斷力，本身在靈性的追求上已有相當成績，而且能夠憑愛心引導別人在屬靈生命上成長。

這種靈性指引的模式並未廣為復原教傳統所接受和關注。這大概是因為復原教對任何似乎貶低了基督作為人神之間惟一中保的舉措，都存有一點戒心。但是，這樣低貶靈性指引的重要性卻非早期改教家的原意。馬丁路德本人就曾經參與過靈性導師的事奉，引導過不少人，而且，他的著作《靈性輔導書信》(*Letters of Spiritual Counsel*)更一直是靈性著述的經典。[13]慈運理(Huldrych Zwingli)雖然建議人獨自向神認罪，但他亦認為，為靈性生命得著幫助而諮詢明智的基督徒輔導員是合宜的。加爾文(John Calvin)亦作過不少人的靈性導師。儘管他強調基督徒只應該順從神，但他同時亦明白到靈性導師的重要。

敬虔主義和清教主義在十七世紀的興起，亦顯示改教運動並沒有廢除靈性導師的功能。被譽為「敬虔主義之父」的斯彭內爾(Philipp Jakob Spener)，便因為藉著書信進行廣泛的靈性輔導，被稱為「德國的靈性輔導者」。同樣地，諸如帕金斯、布尼爾(Immanuel Bourne)和巴克斯特(Richard Baxter)等清教徒的著作，亦清楚說明靈性引導於清教主義中的重要性。聖公會的教義也保留了心靈關顧的濃厚影響力。近年不少有關靈性指導的著作，包括李卓(Kenneth Leech)的《靈之友》(*Soul Friend*)和愛華士(Tilden Edwards)的《屬靈朋友》(*Spiritual Friend*)，都是出自這個傳統。[14]

基督教對心靈關顧的理解

加略祈(William Clebsch)和積高(Charles Jaekle)在回顧基督教心靈關顧的漫長歷史之後，指出基督教的心靈關顧包括四大元素，就是醫治、支持、修復及引導。這四大元素之中，總有一個會在教會歷史某些時期壓倒其他元素。[15]

醫治乃指著力幫助別人克服某些弱點和邁向整全。這些醫治的行動可同時包括肉體和靈性兩方面，但焦點卻永遠是整個人的整全和聖潔。**支持**是指關顧的行動，旨在幫助一個受傷的人忍受和超越某個已無法或不大可能修補或挽回的境況。**修復**是指致力重修破裂的關係。這種關顧元素的出現正好顯出基督教心靈關顧的本質，不單是著眼於個人，乃是整個羣體。最後，**引導**是指幫助人作出明智的抉擇，藉此邁向成熟的靈性。

傳統以來，基督教心靈牧人所做的工作，包括聆聽懺悔、給予鼓勵和勸勉、予以安慰、用行動來保護信徒免受內在和外在的困逼、講道、著書和寫信、探訪、興辦醫院、組織學校和提供教育，以及在民生和政治事務上的參與。他們承擔這一切和其他更多職責，旨在「消除及緩和罪與痛苦，並引導人在基督裏完完全全地進到神面前。」[16]這意味著基督教心靈關顧之最終目標，是一種個性的建立——在屬神的人中間建立基督的品格。

要是我們對紀律操練的觀念有足夠理解，這也可以作為一個途經，幫助我們明白基督教心靈關顧的主要目標。紀律的操練基本上並非懲罰，而是幫助引導受導者「潛移默化地吸收所屬羣體之基本規範、模式和情理，以致成為他本身個性的一部分。」[17]因此，紀律操練可被視為個人以及羣體的經驗，旨在幫助信徒建立基督的品格，從而變得整全和聖潔。若從這角度來理解，在基督教心靈關顧的歷史當中，紀律操練便經常處於核心位置。

回顧至此，我們可有甚麼結論？從基督徒立場去進行心靈關顧究竟有何含意？要確切回答這個問題儘管還未是時候，但此刻我們至少可得出幾個初步結論：

1. 基督徒的心靈關顧是為彼此雙方的，它並非為自己而做的事情。雖然我們有責任去關心自己，並為此而探求內心世界的最深處，但卻不可混淆了*cura animarum*這古老責任的真正含意。基督教心靈關顧的歷史已非常清楚地表明，心靈關顧是基督徒實踐「愛鄰舍」的行動。當耶穌教導人要愛鄰舍如同自己時，祂的重點是要我們關懷別人而非自己。人有關心自己的天性是「愛人如己」背後的前設，卻非其要旨。懂得細察別人的內心世界，是心靈關顧的先決條件，因此，我們將會在第十一章再詳細探討這方面所涉及的範圍。然而，教會呼籲信徒關懷心靈的重點卻不在此。若然如此，我們便會大大削弱了基督教會使命當中一個重要的觀念。

2. 基督徒的心靈關顧要在一個道德範疇內運作。不單要有愛、寬恕和恩典，而且，還要給予人提出該如何過活等道德問題的機會。這並不等於把關顧當作説教或變相作道德課程。不過，提供心靈關顧的基督徒必須讓被關顧的對象有道德反省的機會。道德性是人生命中的最深層部分。因此，道德層面的思考便是真正地關顧別人的核心所在，為的是使生命得著提升。如何將這樣的一個道德元素引入關顧的過程而不變成説教，實在是一大挑戰，我們將會在第七章加以探討。

3. 基督徒的心靈關顧，關係到整個羣體，而非單是個人。紀律的操練乃基督教心靈關顧的一部分，是為了幫助信徒個人地和集體地建立基督的品格。基督教心靈關顧的其中一個目標，就是裝備人去承擔本身在羣體中的責任，以及在羣體中立身處世。這種心靈關顧將個人視作人際關係網中的一員。個人固然極之重要，但是，個人只能在相對於別人的關係中才能成為完全和獨特的個體。基督徒的關懷非常看重這個社會和羣體的層面。

4. 基督徒的心靈關顧通常是在一個關係已經建立的情況下，透過對話的方式來進行。因此，它不是一些我們可以為別人做的事，卻是我們與別人一起做的事。當我們仿效耶穌的模式進行這種對話，將發覺它正如耶穌其他的言行一樣，絕不是強制性或操控性的，反而是極之個人化的。進行這種對話所面對的種種挑戰，將會是我們在第七章再探討的題目。

5. 基督徒的心靈關顧不是著眼於人一些微細的靈性層面，而是將焦點放在整個人的身上。儘管它會優先關注如何滋養感覺、思維和意願等豐富心理屬靈元素交織而成的內在生命，但是，心靈關顧亦同樣留意這內在生命所流露出來的行為。

6. 最後，基督徒的心靈關顧若只局限於牧職人員或任何單一的羣體，便大大削減了其重要性。正如我們將會看見，當代心靈關顧的參與者包括家長、教師、朋友、牧職人員、靈性導師、輔導員、心理治療員和其他許多人士。最終，所有基督徒要被呼召，去肩負關懷別人心靈的使命。

2

治療式心靈關顧的興起

正如在前一章已經指出，*cura animarum*是一種基於宗教的關懷形式，一直與基督教有著特殊的關係，但其根源則可追溯至猶太教。這一切都是事實，可是卻只是故事的部分；它只能帶我們來到二十世紀初，以及看到具治療性的心靈關顧最初的發展。治療心理學（therapeutic psychology）在本世紀的興起，對於心靈關顧有重大的影響，因此，我們必須對此作深入研究。然而，在開始之前，我們先要了解這轉變的先驅者——這些轉變的雛型來自基督教心靈關顧，為治療式心靈關顧的興起開路。

從心靈關顧到醫治心智

由心靈關顧轉化為醫治心智，原則上與二十世紀初興起的現代心理學有關。天主教和復原教在很早以前對心靈關顧所作的改革，其實亦促成了這種發展。在天特會議（1545～1563）之後，天主教大大收窄了心靈關顧的焦點，變成主要側重有關聖召的決定。心靈牧人愈來愈認定維護正統是他們的基本職責，而防備異端和任何可疑的神祕主義便成了他們的首要關注點。

復原教在理解和實踐心靈關顧方面的改變較天主教來得更為徹底。這主要跟他們強調信徒皆祭司，以及聖經對於個人救恩和靈性成長的重要性有關。布塞珥(Martin Bucer)在其於一五三八年問世的著作《對心靈的真正治療》(*On the True Cure of Souls*)中，對心靈關顧的理念被逐漸接納為復原教的方法一事有詳盡的說明。布塞珥引用以西結書三十四章16節作為解釋*cura animarum*的基礎，指出信徒之間彼此有責任要「把那些不認識基督的引到基督面前；把已遠離的重新引導回來；確保跌倒犯罪的有改正的機會；使軟弱無力的基督徒剛強起來；讓完全和剛強的基督徒再接再勵，邁向至善的境界。」[1]復原教往往把這些行動形容為牧養，目的是與羅馬天主教所推行的心靈關顧——即復原教認為與紀律操練和權威有關的關顧——劃分清楚。為了刻意作出對比，牧人便要溫柔、善感和慈祥。心靈牧人在履行職責時要出於愛心和關懷，而不是權威。

十七世紀的貴格會開創了一種信徒之間彼此勸戒和啟導的模式，運作上相當於心靈關顧小組。別的復原教宗派採取的個人化和個別化心靈關顧，亦逐漸被此模式取代。衞斯理約翰(John Wesley)很少談及或論述心靈關顧或心靈醫治，而每次提到，總是離不開講道。這再次反映出，在復原教對於心靈關顧的理解裏，神的話語是何等重要。衞理宗和後來的聖潔會均強調神在個人的生命中會有直接的作為，因此，靈性的引導便相對地沒有那麼被重視。

有幾位著名的天主教作者亦質疑靈性導師的必要性。耶穌會的夭爾殊(Jesuit James Walsh)認為，靈性指導「對某些個別信徒才有用處和有需要，他們是一羣盡可能圓滿地活出基督徒羣體生活的人，而且逐漸意識到神特別呼召他們要達致完全。」[2] 換言之，靈性指導只適用於屬靈精英身上，而非每一個人也合用。還有一點更重要的是，他認為只有那些心靈關顧的專家，才有資格提供這方面的指引。這類專家不單要擁有與此職分相符的個人特質，更必須接受專門訓練。

教牧輔導的興起跟心靈關顧專業化有關。何利夫特(E. Brooks Holifield)在其著作《牧養關顧在美國之歷史》(*History of Pastoral Care in America*)中指出，一九○五年於波士頓以馬內利教會一羣新教聖公會教徒中間，開始了美國由醫治心靈變成牧養輔導的轉變。[3]以馬內利教會的教區長伍斯特(Elwood Worcestes)和他的副手麥龔(Samuel McComb)提出了以下一條問題：究竟心靈關顧應該繼續依循傳統，還是改由心理治療這門科學來主導？他們的建議顯然是指，教會應是時候去採納科學。這個後來被稱為「以馬內利運動」的轉變，不久便獲得公理會、長老會和某些浸信會的支持，三年之間便已出版了自己的期刊——《心理治療》(*Psychotherapy*)。何利夫特稱這時期為：由拯救心靈轉變為支持自我實現的運動之始。

何利夫特認為，牧養輔導在美國的治療文化發展過程中，產生了重要的推動力。事實上，他指出美國的早期歷史因為深受敬虔主義所影響，所以便具備了成熟的條件，讓心理治療成為新的心靈關顧方式。傳統以來，敬虔主義和由它演變出來的禁慾主義都涉及對內在經驗的主觀心理關注。這種屬靈的內省——何利夫特稱之為「內斂、重生、悔改〔和〕復興的急務」[4]——乃美國人的基本意識。因此，從內省式的屬靈敬虔心態演化為世俗心理學的敬虔心態，只是一步之遙；而牧養輔導和心理治療在二十世紀初的演進，便成了這運動的主要推動力。

在同一期間，英國也對心理治療作為醫治心靈的一種嶄新科技開始感興趣。由榮格(Carl Jung)擔任主席的教牧心理學協會(The Guild of Pastoral Psychology)，以及宗教和醫學協會(The Institute of Religion and Medicine)均致力在心理學和神學之間建造橋樑。隨後，臨床神學協會(Clinical Theology Association)面世，在精神科醫生雷克(Frank Lake)的領導下，開始在英國提供牧養輔導的訓練。

毫無疑問，心靈關顧的最主要動力由宗教轉變為心理學，其中最重要的因素，是科學在十七和十八世紀興起，以及宗教在十九世紀衰落。研究心理治療發展的歷史學家愛倫華特(Jan Ehrenwald)形容宗教的心靈醫治之死，就如「神祕色彩被理性批判逐層撕破，宗教失去其意義，變成一個形式化的建制、保留神祕儀式和習俗的貯存庫」。[5]他繼續指稱，心理治療的興起，就像一個權宜之計，用以填補宗教死亡所遺留下來的靈性真空。它的使命是要「滿足未被觸及的形而上需求……無須求助於神話的意識形態或神祕的儀式。」[6]

科學給人的最大盼望，是能夠超脱宗教的框框，為古老的問題提供嶄新的答案。面向將來，現代人都願意昂首闊步地向前邁進，深信神話和儀式將要永遠被遺留在前科學紀元。然而，事實卻是舊的神話被新的神話所取代。神話——不可與虛謊混為一談——是隨著奧祕而產生的。因此，人類預期科學能消除神話，實在是過分天真；新興科學回應人類心靈的奧祕而產生的神話，不會比古老宗教的回應來得少。

尼德曼 (Jacob Needleman) 這樣評析：「現代精神病理學乃出於一個新的觀念，就是人必須改變自己，不可倚靠一位想像出來的神之幫助。在過去半個世紀，主要是透過弗洛依德的見解和受其影響者的努力，人的心靈終於從宗教建制那雙搖晃不定的手中掙脱出來，成為自然界中一個可供科學研究的題材。」[7] 心靈關顧既脱離了脆弱的宗教基礎，如今便安穩地落在現代科學的手裏。關顧帶罪的心靈遂變成醫治病態心智，而心理治療專家亦取代了牧者的角色，成了社會認可的心靈治療師。[8]

治療文化和牧養輔導

牧養輔導在這種治療文化逐漸冒升至淩駕一切的氛圍中誕生，當然深受這些趨勢影響。牧養和心理學這兩個不同觀點所造成的張力，在牧養輔導的歷史中留下不能磨滅的痕迹。自從牧養輔導在一九四〇至五〇年代逐漸發展為一個成熟模式，便往往更加像現代心理治療，更甚於與靈性指導有關的傳統模式。

儘管牧養輔導的權威和意義是以牧職為基礎，但是，心理學這門新興科學所提供的嶄新語言和有用技巧卻相當吸引。儘管有關牧養輔導的主要作者雖然都一再呼籲，在模塑牧養輔導的過程中，要把神學和牧養傳統放在首要位置，但在真正進行牧養輔導時，卻往往單單模仿流行的心理輔導形式。因此，北美的牧養關顧便一直追隨心理學的主流門派，走過一個又一個階段，計有羅杰斯學派的以當事人為中心治療法（Rogerian client-centered therapy）、弗洛依德學派的精神分析學（Freudian psychoanalysis）、人類潛能運動的成長與團體治療（growth and group therapies of the human potential movement），源於沙利文（Harry Stack Sullivan）著作的各類人際治療（interpersonal therapies）、家庭系統治療（family systems therapy）和客體關係理論（object relations theory）。面對這可悲的事實，奧頓（Thomas Oden）便把牧養輔導者的角色形容為「在最新的心理學範疇內努力搜尋當前冒起或將要冒起的理論，盡量靈巧地將它改動至適用於事奉工作中。」[9]但遺憾的是，這種調適也往往未經深思，最終，牧養輔導的獨特性也就妥協了。

這種匯合各種模式和著重臨床性質多於牧養的牧養輔導，往往埋沒了牧養事工的獨特性。它鼓勵牧養輔導者像訓練不足的普通心理治療師般履行其職責之餘，同時亦鼓勵傳道人成為自我實現的先知，卻非福音的宣告者。更可悲的是，它經常引導牧職人員逐步放棄了他們在心靈關顧的傳統獨特角色。

另一方面，被牧養的羣體亦愈來愈受到所處社會的羣眾心理所影響，模塑了他們對自我和人際關係的看法，於是，這亦構成教會中日漸興起治療式心靈關顧的原因。牧者很容易會以為，生活化的講道必然要在講章之中加入心理學的角度，而專業化的牧養關顧則必然要採納臨床治療的準則。於是，牧者在講道和牧養對話中愈來愈多採用心理學的架構和價值觀，例如自愛、自我認識和自我實現等。治療文化不單支配了社會，更支配了教會，結果便導致許多東西的失落。

然而，對於正在尋求復興的宗教心靈關顧事工，治療式心靈關顧卻顯然提供了極大幫助。十九世紀末的基督教似乎一直用支吾以對的態度來回應人的需要，而治療心理學的興起便正好為教會提供一個重要資源。但正如我們剛才在回顧歷史時曾經指出，教會過去數十年在心靈關顧方面雖有進步，但同時亦出現了變質和妥協，失去了基督教孕育人生命的特質。要復興真正屬於基督教的關顧事工，便成了一項極富挑戰性的任務。這不是一個簡單和天真的嘗試，我們不可以為恢復第一世紀基督教對此的理念和常規，並將自己局限於此，便完成了復興的任務；真正的復興必須將後來摻雜其中的添加物嚴格地篩選出來，去蕪存菁。這將會是我們日後不斷要做的工作。

不過，治療心理學雖然對基督教心靈關顧事工有很大貢獻，但它卻非教會的盼望所在，它的基本信息也跟福音不一樣。假使教會的信息和方法是以心理學為主，那麼教會便失去她存在的理由。這並非筆者杞人憂天。教會務必要小心，不要為到心理學所提供的眼前小利而出賣自己的靈魂。教會有時的表現正是如此。

有趣的是，儘管基督教心靈關顧深受其新興的競爭對手——治療式心靈關顧——所影響，但後者卻被發現是傾向宗教多於科學的。心理學乃研究靈魂的科學，但它卻可能已變成沒有靈魂的科學，不過，治療心理學卻沒有其學術性的另一半——實驗心理學(experimental psychology)——那麼成功地遠離宗教。

治療式心靈關顧之宗教本質

精神病專家薩斯(Thomas Szasz)曾經對心理治療法提出極其嚴厲的批評，而且在芸芸批判者中，他也是最清楚辨認出心理治療法具有宗教本質的一人。在其著作《心理治療的神話》(*The Myth of Psychotherapy*)中，他指出心理治療只不過是把宗教的心靈關顧重新包裝。他留意到它只是把「懺悔、認罪、禱告、信心、內在決心和其他數之不盡的元素據為己有，然後重新命名為心理治療」。[10]他還進一步指出，心理治療不單採納了宗教心靈關顧的重要元素，把它們當作自己的新發現，而且，還將自己標示作對方的宿敵。他指稱「精神病學不僅對宗教不聞不問，更視對方為勢不兩立的敵人。這正是現代心理治療的其中一個最大諷刺：它不僅是一個偽裝成科學的宗教，它實際上是一個務求摧毀真宗教的偽宗教。」[11]

還有另一些著作也支持薩斯的見解，認為心理治療法是另一個宗教系統。讓我們以六〇至七〇年代興起的人文主義心理學(humanistic psychology)為例。奧頓把互動自省小組(encounter group)和其他深交小組(intensive group)的經驗，形容為一個世俗化及非神話化的猶太基督徒宗教。[12] 因他認為互動自省小組與十八和十九世紀興起的基督教敬虔主義和猶太教哈西德主義(Hasidism；譯註：十八世紀於波蘭興起的一個猶太教派，堅持虔修及神祕主義教義)，有不少共通點。奧頓留意到，它們的主要共通點是強調深入的情感經驗(通常發生在小組內)，熱切追求真誠，專注於當下此刻的經驗，以建立親密的人際關係為目的，和經常舉行長時間而深入的聚會。維茨(Paul Vitz)在《心理學正如宗教》(*Psychology as Religion*)[13]一書中，亦闡述了相約的論點。維茨指出流行的心理學——特別是他稱之為「自我主義」(selfism)的——乃美國的主要宗教。此外，他還肯定地指出，儘管這個新興宗教是源於基督教，但是，其大部分基本的教義卻是徹底地反基督教的。

根據宗教心理學家布雯(Lucy Bregman)的說法，現代心理學是一種非傳統的心理宗教，許多人認為它可以「在脫去那早已枯萎的宗教外殼之當兒，重新發現宗教的重要核心究竟是甚麼一回事」。[14] 但她繼續指出，有趣的是，儘管這種內在經驗的宗教信仰，認為本身正好取代西方日漸衰落的宗教，但其實它更能反映心理學作為一門科學對於回答宗教問題的失敗。因此，現代心理學可能正是解釋科學化的心理學不足以取代宗教的理由。

心理治療式的心靈關顧並非如它所偽裝的那樣。精神病專家柏德遜(E. Mansell Pattison)在《精神病治療術期刊》

(*Journal of Operational Psychiatry*) 中指稱，心理治療法「把自己列入自然主義系統，但它其實屬超自然主義系統」。[15]無論它如何否認，它卻始終無法逃脱本身的宗教傳統。這正是弗洛依德所謂的抑壓反動力：那被否定或抑壓的東西並不因此而被除去，它只是被放逐出意識層面。然而，正如弗洛依德指出，這些被抑壓在潛意識的東西，很少完全停留在潛意識，它們總想擠出意識層面和表達自己。在心理治療方面，其宗教根源和基本的靈性本質不可能永遠被隱藏。一位研究心理治療的歷史學家曾經指出：「情況愈來愈明顯，人們要求心理治療所滿足的那些需求，實在已超越了它所局限的自然主義觀點。」[16]這正是當代心理治療面前的主要危機；這是一個沒有靈魂的科學的身分危機。

治療心理學的一個極大矛盾就是：説它取代宗教，但它卻在西方的世俗化社會發揮了多方面的宗教功能。撇除它模仿成社會科學的包裝，它卻像宗教甚於像科學——作為一種用以處理生活問題的靈性指導，多於一種由觀察或實驗方法引申、用以處理精神問題的專門技巧。正當自我崇拜在七〇年代的北美處於顛峯之際，美國心理學家維茨便曾經指出，心理治療員已成了自我主義——這種源於基督教，但基本方向卻帶有反基督教危險的新興宗教——之祭司。[17]

這並非要論證心理治療已具備所有足以成為一個正式宗教的條件。論點其實是在於，與其視之為一個純客觀的治療技術，不如將它理解為一個功能性的宗教。黎孚（Phillip Rieff）是最先關注這點的其中一人。[18]他曾經把治療心理學在塑造文化方面的巨大影響力描繪出來，指出它所提供的，不僅是一種精神病的治療技術。他認為西方人之所以形成支配性的性格類型，現代治療心理學的興起應負上責任。根據黎孚的看法，自法國大革命之後，基督教文化受到致命一擊，且瀕於崩潰邊緣，如今便順理成章地被心理學的文化所取代。在這個新的文化背景中，心理治療便替代昔日的宗教，在社會和個人層面扮演了眾多不同的角色。

心理治療與宗教的本質是否真的相關，抑或純粹是強勢的現代心理治療法製造出來的假象？麟敦 (Perry London) 描述了心理治療所具備的幾方面因素，足以使它在本質上成為一個既是道德又是宗教的企業。[19] 首先，接受心理治療的病人不會像心理治療師那樣經常把道德和心理現象分開。諸如「感到憤怒有沒有問題？」等，便不純粹是一個心理問題，它也肯定是一個道德問題。它之所以是道德問題，因為關乎人應如何生活。那些有關應否墮胎、搞婚外情或與配偶分居等問題都是道德問題，並非因為墮胎、性和離婚是道德的題目，而是因為它們關乎人應該如何生活。同樣，有關如何處理自己的情緒、如何理解人際衝突、如何面對末期疾病等，全都是道德而非純心理問題，因為它們關乎人應該如何過自己的一生。

病人向心理治療師所請教的問題，經常會逼使治療師逾越經科學研究所確認的界線。榮格承認這個事實，他指出「病人強逼心理治療師扮演祭司的角色，期望和要求他可以為自己解除痛苦。這正是我們作心理治療師的，為何要忙於處理那些嚴格來説屬於神學家的問題之原因。」[20]

第二個使心理治療具有宗教本質的因素，是心理治療師本身也是人，他們在處理病人的問題時，無可避免地會有本身價值觀的投射。治療師要完全客觀，不受自己的價值觀影響，是不可能的事。心理治療明顯是一個帶有強烈價值取向的過程，病人和治療師的價值觀同時塑造彼此間之對話。無論是治療師或病人，都不可能把自己的價值判斷摒諸診療室的門外，若是真能這樣，那將會是一件何等怪異和具有潛在危險的事情！奇怪的是，我們雖然明知不可能，卻竟然相信如果能夠做到是最理想的事。

心理治療和宗教還有幾個相似的地方，構成心理治療具有宗教的本質。對於現代人個人身分的建立，心理治療與宗教乃兩個主要資源，兩者彼此密切相關。[21]它們均提供一些用以重整內心生活秩序的觀念和技巧，因此，都可以被視為個人拯救的策略。此外，心理治療和宗教兩者皆有為認識生命而建立深層架構的功能——人們是藉著神話和儀式的施行來獲得及實踐這種認識。[22]再者，宗教和心理治療均嘗試解答人生終極和人的責任等問題。換言之，透過提出具有終極意義的事情，和至少指出一個道德系統之輪廓，引導人作人生抉擇，兩者皆為人生提供宗教的指引。如此，它們所用的正是黎孚所稱的「積極文化」(a positive culture)，那就是，它們提供世界本質的意象、生命的意義和要如何過活的基本原則。[23]最後，宗教和心理治療均致力提升人的自尊和促進社會團結。因此，對於個人和社會，兩者皆極其重要。

現代治療心理學各門派似乎已填補了宗教建制衰落所遺留下來的空間，而且，不單以治療技術運作，更成為功能性的宗教。因此，我們必須從這個角度——不單從它們的臨床效用，還以它們的宗教視域——來認真地檢視心理治療。我們藉著這些治療的價值標準，特別是有關發揮健康功能的必要條件的前設，最能夠辨認到其宗教視域。心理需求的陳述往往成為心理治療自己製造出來的顛覆分子，把道德判斷帶進本身的理論和實踐當中。因此，我們必須小心檢視這些描述心理需求的語言，因為它們往往會阻擋我們從道德層面去考慮我們的抉擇，並且用心理學的包裝來隱藏道德判斷。

例如，這些心理需求的理論告訴我們，我們若要成為一個完全的人，就要與潛意識的自我建立關係，或是要追求性慾的滿足，或是要摒除外在的道德規範，或是要認識自己的身體，或是要表達自己的感受。這類說話無知地把那些可能是美善的東西，推演為終極的美善。這個過程便使心理學由一個描述性的科學變成一個規範性的社會建制。心理學如今開始制定一套屬於自己的道德規範，要與傳統宗教那套道德準繩爭一日之長短。然而，由於心理學對於本身作為一個宗教的角色，既沒有適當的裝備，又沒有足夠的自覺性，故此，它一直未能提供一個既可以解答這些理想如何與其他理想扯上關係，又可以使其道德規範互相協調和井然有序的架構。

勃朗寧 (Don Browning) 認為，正因為心理需求和道德模式之間的界線變得模糊，才直接導致治療心理學雖然以社會科學的形態起步，卻不能保留在科學的有限範疇內。治療心理學並非對它所研究的世界作出單純的描述，反蓄意扮演塑造世界的角色，尤其在我們的自我認識和彼此相處方面。勃朗寧認為，當代的心理治療「只要試圖回應我們的不安，給我們有關這世界的概括意象，以及建立我們應以甚麼態度去面對人生的價值、死亡的本質和道德的基礎」，它們就是宗教系統。[24] 他指稱，因內容的緣故，心理治療由科學的客觀活動轉變為宗教的道德活動，那是無可避免的。這並不是要否定心理治療的合法性，只是我們要對這些深藏於任何一種心理治療內的道德規範，保持醒覺和批判。我們必須體會，它們是從科學數據推斷而來的。簡單和嚴格來說，它們並非科學的產品。

在治療文化中的心靈關顧

在第一章終結時，我們還在二十世紀的門檻，心靈關顧仍然穩固地屬於宗教的範疇。儘管已開始出現改變這古老傳統的先兆，尤其是在復原教主義中，已削弱和收窄心靈關顧的焦點，但是，其重要的競爭對手還未出現。

正如我們在本章指出，踏進二十世紀，這一切便發生了急劇轉變。治療心理學提供了一個復興的遠象，承諾要把這樣的關懷從宗教那雙搖晃的手中挪走，放在科學的範疇內。雖然有過零星的抗拒，但教會整體還是支持這種發展，喧嚷著要趕上這個大潮流，期盼這大潮流能救教會脱離被邊緣化的命運。那些能夠在這治療文化中為自己找到一席位的牧養輔導者或其他宗教的心靈醫生，似乎確實找到嶄新和更生氣勃勃的途徑來提供他們的關顧，同時，透過參與那些如雨後春筍般興起的精神健康專業訓練課程，亦有大量專業人員進入了這個心靈關顧的行業。

難道還有人會質疑這種進步？但事實上，治療式心靈關顧的興起，在帶來極多好處的同時，亦造成沉重的損失。只要我們首先提醒自己有關治療式心靈關顧的特質，這些得與失便一目了然。其中最明顯的，是它強調專業化、個人主義、心理幻化論，以及道德架構。以上每一點都對真正的心靈關顧造成巨大的衝擊。

正如前面已經提過，早在本世紀初的頭十年，在戲劇化地轉向治療式關懷之前，專業化主義便已經興起。然而，公眾迅即對這批新進的專業臨床治療員凝聚了信心。這意味著羣眾會武斷地以為那些參與此行列的「業餘人士」不單未受正式訓練或沒有薪酬，而且，他們所提供的關顧亦未及標準。儘管心靈關顧逐步邁向專業化會帶來某些好處，例如會有系統地出版著述及推行訓練，有關人士為了爭取學歷而自發進修，以及大大增加提供心靈關顧的人才，但它亦付出了某些代價，包括強調專業技能而減少對提供心靈關顧者的品格要求，和治療員較容易將自己隱藏在角色背後，不會與關顧對象有任何個人化接觸。這亦導致那些未被臨床治療專業認可的關顧人員很容易產生自卑感，他們會認為自己未有足夠資格參與這企業——一項愈來愈多人將之編派為心理學而非靈性的企業。

與治療式心靈關顧有關的個人主義文化，所造成的衝擊就更大。雖然有少數例外，但絕大部分的心理治療法都把個人視為獨立於家庭和其他特定社羣關係之外的個體。此觀念背後的神話是：我們既是自我的個體，卻又抑制這自我的個體，只是間接和表面地與其他人連繫著。心理治療式的心靈關顧便以這些個人、獨立存在的自我，作為其焦點；把幫助個人達致解放和實現自我，作為關懷的目標。這導致傳統心靈關顧概念中，有關放下自我、紀律和服事等崇高目標，完全被治療式心靈關顧所推崇的自我實現、自由和成長等目標所壓倒。於是造成我們所謂的「自我中心道德觀」。他們的理念是，追求自我實現乃人生最高的道德準則，因為，這正是引導人產生美善行為的可靠目標。[25]他們因之而假定個人的美善會帶來羣體的美善——許多道德學家都會指出這假定實在是過分天真。

矛盾的是，治療式心靈關顧那種傾向把心理靈性現象簡化為心理現象的做法，總的來說，卻為心靈關顧帶來了一個極其正面的影響。儘管治療式心靈關顧通常會涉及一些傲慢地排拒任何真正屬靈的東西，但是它對於我們明白宗教和靈性經驗的心理基礎，卻提供了極大幫助。有鑑於人類的心理和靈性功能是密不可分的，認識靈性經驗的心理基礎不單不會否定這些經驗，而且更有助我們明白這些靈性經驗和靈性需求。我們透過一個心理歷程和機制與別人建立關係；也是透過同一的心理歷程和機制與神建立關係。因此，明瞭那些歷程和機制，將有助我們明白和幫助別人回應靈性的需求。這正是筆者所持的理由。儘管治療式心靈關顧帶來種種問題，但我們卻不可逆轉歷史，反應利用其長處，將功補過。

治療式心靈關顧之所以要排拒任何道德架構，乃源於一個錯誤的看法，就是認為心理治療法被人理解為一種治療疾病或失常的技術，總好過成為一種個人化及宗教導向關係下提供的生活指引。當它被視作一種醫治失常的治療技術，就要在一個道德中立的氣氛中進行——這明顯是非人所能做到的。與此有關的，還有非指示性的治療道德——這同樣也是非人力所能及和令人存疑的。這些避免去處理生命道德層面的天真嘗試，結果只會令治療式心靈關顧的面談變得虛假，而且也難有成效。雖然不同心理治療法的背後，其實隱含某些道德架構和道德理想，但極少會公諸於世。結果，這些道德理念便經常在人不知不覺間發揮作用，而這種做法卻可能會造成更大的衝擊。

在現代心理治療法的影響下，心靈關顧產生了不可挽回的轉變。在二十世紀之前，對於兩人深入對談乃是這關懷本質的說法，相信沒有人會認真質疑。兩人的互動基本上是以對話——不是由一方給另一方做事，而是一方與另一方互相分享——作為基本形式。在治療文化的影響下，對話變為聆聽和談話的技巧。但是，對話一旦變成了技巧，兩人的互動就不再是你—我的相交，而是它—我的接觸過程。在諸如專注、表示同感，和指出溝通當中出現矛盾等技巧方面，治療員都有很高的造詣，但卻可能犧牲了真誠的對話。他們在專心聆聽的當兒，可能正對所聽的內容進行分析，結果便犧牲了深入的溝通。他們可能擅長客觀分析談話的內容，可是，卻犧牲了有意義的親密交談。

轉變的不單是心靈關顧的過程；提供心靈關顧者的資格亦有重大轉變。在治療式心靈關顧興起之前，個人的品格凌駕技巧的要求，最首要的條件便是靈性成熟。但是在治療文化中，對那些為別人的心靈提供指導的人，我們卻只要求他們受過高等教育、專門技術訓練、證明自己已掌握基本的理論概念和模式，以及適當的專業資格。至於他們本身的心靈狀況，則在剔除嚴重心理變態者的標準下進行不太嚴格的審查。

然而，治療式心靈關顧的興起亦帶來某些重大的得益，可補償以上的一些缺失。當中最重要的，是診療室工具和概念地圖的發展，為探索、醫治和培育心靈提供了極大幫助。對於處理深層的情感創傷、越過重重障礙而達致寬恕、提升與人建立親密關係的能力、促進人對自我的認識，和增強人擺脱內心慾望的能力等，診療室工具都有給予重大幫助的潛質。這些都是適用於心靈關顧的元素，懂得引用治療心理學各種資源的人，將發現這些資源對其工作大有裨益。但是，比這些工具更有價值的，卻是那些用以幫助人明白人本身內心世界的概念地圖。深蘊心理學（depth psychology；譯註：研究潛意識的心理學）對於明白人的心理靈性動態，給予了極大幫助。對於那些想認識心理學而不受其文化支配的心靈指導者，這些概念地圖的重要性便難以估量。

當我們查看現成最理想的內心世界地圖，我們將發現這世界並非整齊地分為靈性與心理兩大部分。同時，內心世界也並非與外體清楚分開。人的靈、魂、體根本就是糾纏不清的一體。這緊密的關係顯示它們各自的領域很容易被對方滲入，而且，惟有從整體的角度才可以認清每部分的真貌。

3

心靈的領域

正如我們在上一章的結尾中指出，不單人的內心世界並非整齊地分為心理和靈性兩部分，而且，身體與心理靈性的內在世界的關係，也非如我們想像的那樣井然劃分。這意味著我們需要思考人這幾個層面之間的相互關係。或換轉另一種説法，這表示我們必須對心靈的領域作出探討。

在討論之始，我們先要留意，無論在哲學、神學和心理學範疇內，對這問題長久以來的辯論已非常清楚地表明，我們現在所探討的問題並沒有任何簡單直接的答案。此外，這辯論的本質根本上是很專門和難以理解的，這意味著環繞這問題的大部分討論，對那些興趣在於心靈關顧而非辯論本身的人而言，是沒有多大用處的。

但儘管如此，神學家、心理學家和醫療科學家對於人的本質，以及我們所想的身、心、靈之間的互動，卻顯然有所共識。一個最能夠切合神學、心理學和醫學理據的理解是：人的本質乃是一個包括軀體、心理和靈性的整全個體。這意味著心靈關顧就是不折不扣地關顧和培育全人向健全美好的目標發展。

支持人是整全個體的神學理據

直到最近，神學家才對聖經所展示的人的形象達成共識。過往對聖經的人觀的討論，往往在於爭論人是由多少基本部分組成——二分論者認為是分為兩部分(身體和靈魂)，而三分論者則認為是三部分(身、心和靈)。但是在神學圈子當中卻愈來愈多意見認為，要從聖經探知人由多少部分組成，實在是問錯問題。

要從聖經探究人有多少部分，我們將會肯定面對多過三個答案。即使我們把自己局限於保羅的心理學，我們也不得不考慮良心、心、肉體、心思、舊人、新人、內體、外體和許多其他觀念——全都各爭著被納入作為人的基本部分。然而，若以這些詞彙用來描述人的組成部分，卻是嚴重誤解了聖經的心理學。身、心和靈並非人的獨立官能，它們只是看待和描述一個完整的人的不同方式。聖經有關人本質的討論，首要是強調人基本上是完整的個體。

舊約在這方面的觀念至為清晰。把人分為不同組成部分的構思，對古代希伯來人來說簡直是匪夷所思；他們並不關注細節，卻著重掌握全面的觀念。這意味著把希伯來人對人的描述，強解為對人不同部分的分析，便是嚴重誤解了舊約作者的原意和他們所認識的心理學。舊約心理學的基礎乃人是以全人與神建立關係，而且惟獨透過這種關係，人才能真正被認識了解。

韋諾（Glen Whitlock）在其專文〈從希伯來人的心理學看人的結構〉（'The Structure of Personality in Hebrew Psychology'）中，對此觀念作出了詳細的闡述。他斷言，希伯來人在心理學方面的基本信念，是人本質上乃一個不可被簡化的整體。不同的部分總是指向整體，同時，也只能從整體的處境去理解這些部分。因此，他指出：

> 行動不是出於身體或思想，而是出於整個人。人是以整個「我」來面對神，也要以整個「我」來向神負責……在希伯來人的觀念中，罪惡居住在整個人裏面。人犯罪是整個人的事……至於悔改的觀念，希伯來人認為人不是為他所做的某件錯事悔改，而是為他成為生出和幹出罪行的那種人（他整個人）而悔改。[1]

因此希伯來的心理學顯然是一套全人心理學。部分絕對不會被視為終極實相，反之，它們只是非獨立存在的觀念。此外，希伯來人不會把它們視作相互對立的個體，他們會將之視作一個有生命的、整全的人之不同面向。

當我們翻到新約的時候，我們會發現當中涉及人觀的詞彙範圍甚廣，不過，我們還是不可把它們理解為人的不同部分或組成的「配件」，它們是全人的不同特徵。柏寇偉（G. C. Berkouwer）用以下一番話來概括這見解：「他們不會強調人的某個部分，彷彿它可以脫離其他部分而獨存；這並非因為個別部分不重要，而是因為神的道根本就是關係到全人與神的關係。」他還指出：「因此，聖經顯然從來沒有把人描繪成一個二元或多元分化的個體，它眾多不同的表達方法，始終是為了讓人認識何謂整全的人。」[2]

總的而言，聖經明顯把人視為一個整全的個體，舊約和新約有關人格的基本教導，都是指出我們的存有是一個整體。儘管整全並非表示各組成部分不可能獨存，但它顯示了人的正常狀態是有軀體的靈魂和有心靈的身體。「人是一個完整的個體，不是由分割或獨立的部分組成。這個宣稱對整本聖經所表達的神學很重要。」[3]

人不是由眾多不同部分組成；我們不是擁有一個靈或一個身體——我們乃是有軀體的靈。因此，雖然我們可以談論人的特質或特徵（例如人有靈性或軀體），但是，卻必須從全人這個更基本的角度來理解它們。李卓（Kenneth Leech）這樣陳述這個問題：「基督教的福音是關注人，包括他所愛和他所害怕的。因此，要區分人的『靈性』和『心理』，就像把他的『身體』和『靈魂』分開那麼困難。他是整個人去呼吸，整個人去經歷事情和敬拜神。」[4]

我們最終只能從這個基本和不可簡化的整體來理解人。因此，為了方便了解人而把人分成不同部分，是毫無意義的。這不單對心理學的簡化方法作出批判，而且，還指出把心理和靈性問題分開診斷是何等荒謬的做法。魂（*psyche*）和靈（*pneuma*），是聖經中交替性出現的兩個詞彙，它們只是用兩個不同的角度來向我們顯示人的內裏本質。**靈**表示人的生命乃源於神，而**魂**則表示構成人之所以為人的生命。

然而，兩者均描繪人性中的非物質化核心——筆者便稱此核心為我們的心理靈性（psychospirituality）。

對於這個結論，狄格輝（Arnold DeGraff）還補充了一個有趣的註腳，他指出現代神學之所以愈來愈強調人是一個整體，主要並不是來自對聖經的研究所得，而是因心理學和醫學愈來愈對這個事實取得共識。[5]因此，讓我們扼要地看看其中一些發現和結論。

心理學對於理解人乃整全個體的貢獻

由於哲學和神學就人的本質所提出的推論，經常被批評為非科學化和不能被證實，所以重學術的心理學家為了刻意迴避這些批評，便一直採納簡化和元素論（atomistic）為主流取向。諸如魂、靈或意志（will）等純理論性的實體，便不再成為探討焦點。科學方法要求研究的焦點只放於可見的行為，而這種嶄新的方法論旋即支配了甚麼要研究、甚麼不要研究。行為心理學（behavioral psychology）的始創者華生（John Watson），他以下一番話足以說明這種取向的簡化本質：

> 人類不想與其他動物列為同類。他們願意承認自己是動物，但「此外，還有一些別的東西」。正是這「一些別的東西」製造了麻煩。在這「一些別的東西」之範圍內，包含了一切被列為宗教、來生、道德……等東西。事實卻是，作為科學家的你，若要保持科學化，就必須把那些用以描述牛的行為之措辭，一字不差地應用在人的身上。[6]

心理學既採納這種取向，那麼，為了滿足其研究方法的嚴格要求，將所有使人之所以為人的特質當作犧牲品，實在不足為怪。其後那些更為整全和人本主義的心理學學派，便是為著抗衡行為主義的限制而相繼興起的。赫爾(Calvin Hall)和林施(Gardner Lindzey)在回顧心理學從較早期由小單位進路(molecular approaches)來研究人，來到較近期的整全取向，得出的結論是，今天幾乎所有心理學家都贊同這種整全取向。他們繼續說明：

> 整體大過其各個部分的總和，發生於某個部分的事情也發生於整體，同時，在這個有機體系內沒有自成一單元的部分——今天在心理學的圈子內，有誰不支持這個有機體系理論的主要原則？……有誰相信會有完全獨立的事件、孤立的過程、抽離的功能？仍然支持這種元素論觀點的心理學家簡直是絕無僅有。[7]

儘管心理學界大體上已用較整全的角度取代舊日的元素論角度，但時至近期，人的靈性層面卻始終被忽略或假設可歸納為心理層面。弗洛依德正是將靈性和宗教現象歸約為心理過程的一個典型人物。綜觀他的著作，他把宗教與種種不同的心理病態劃上等號，將它類比為精神病(妄想症)、神經官能症(執著強逼性失常)和嬰兒期神經官能症。他亦把宗教與戀母情結、羣眾妄念、神經過敏後遺症和「極樂之幻覺混亂」混為一談。他把靈界的天使和魔鬼解釋為情緒衝動的投射，神成了戀母情結下那種矛盾心態的替代品、戀父情結投射到天上的產品，和因為嬰兒期未能建立自我領域，在出現倒退反動行為時產生的虛構信念。這些只是弗洛依德解釋宗教的其中一些例子。然而，這不單顯出弗洛依德的簡化觀點，同時亦表明他對病態心理的偏執。[8]

對靈性在人性中位置的理解，榮格展示了一種不再那麼簡化和以病態心理為主的取向。臨床經驗使榮格相信人的靈性和心理層面其實是緊扣相連的，而且，屬靈因素的考慮在心理醫治中發揮了重要作用。例如，他曾經肯定地指出，他那些年逾三十五歲的病人，其基本問題無一不是尋找一個宗教的人生觀。他還進一步指出：「我可以肯定地說，他們每個人之感到病倒，乃因為他們失去了那代代相傳的活的信仰，除非他們重新取回這種宗教的人生觀，否則無一能真正被治癒。」[9]

作為心理治療師的摩爾，透過其臨床經驗亦發現人的靈性和心理層面是緊密地互相連結。他在描述心靈就是把物質和屬靈世界結合起來之同時，亦堅稱，信仰在心靈關顧中有著固有的重要位置。摩爾強調，某種形式的靈性生活，對於心理健康是絕對需要的，但是，他同時亦指出，不健康的靈性，也會產生不健康的心理運作。[10]

筆者本身的經驗亦支持摩爾的論點，即人的靈性運作會直接影響人的心理健康。無論是對於醫治或毒害人的心靈，宗教實踐和信仰委身都有其獨特的影響力。宗教信仰有能力去整合和改變心理結構的各個部分，同時亦能在深層的挽回、復興和成長方面發揮最大的功效。然而，這種能力卻並非經常被人覺察。宗教信仰亦可以與引起病態的精神動力互相糾纏，若是這樣，信仰不單不能提供出路，更會構成問題。要是出現這種情況，當事人則寧可沒有信仰還好；因為不管該信仰應許來生有任何好處，它對今生卻顯然帶來負面的影響。

從最好一面來看，人若以一個健康的信仰作為人生的基礎，其生命所得的整合和指引，是沒有信仰的人無法得著的。但從最壞的方面看，人若奉行一套宗教常規，並委身於一套律法主義和毫無恩典可言的信仰，那麼，他的行為往往會趨於執著、嚴苛，缺乏愛和活力。正如奧爾波德(Gordon Allport)多年前所指出的，宗教有一種獨有的能量，能把人性整合。可是，假若宗教和靈性方面的運作不健康，它們亦有一種獨特而危險的能力，對人的心理和身體健康造成損害。

人是一個單一無縫的整合體；人格則以深層、根本的方式整合而成。當我們不再抱著簡化或唯物主義的成見去檢視人的內心世界，就能清楚看到人的心理和靈性的需要及變化過程，實在是緊密交纏的。事實上，它們之間的關係是如此緊密，以致任何人若試圖硬將心理和靈性分開，就只會失去心靈根本的合一性。而且，除非接受這根本的合一，人的不同方面才可能達致更大程度的結合。劃分製造分裂——即人的某些領域與另一個領域或整體是分割和沒有關係，就等於在人所獨有的徹底合一中製造裂痕。

在那些被診斷為多重性格失常(multiple personality disorder)的病人身上,最能清楚看見這點。即使在那些看似完全性格分裂(fragmented personality)的人身上,仍然存在一個更深層、更根本、單一和整合的自我。他們之所以分裂,乃因他們身上出現數以十計變化多端的性格,每種性格都各有獨特的自我觀念、自我表現方式、價值觀、情緒、審美標準、性取向和身體反應的模式。然而,在他們那些明顯和非常真實的分歧背後,卻是一個互相協調的自我系統,使我們有可能判辨出一個統一的人格。我們若然相信病人的經驗實際上是屬於眾多不同的人同住在一個身體,將會嚴重妨礙了醫治的過程。惟有幫助病人明白和經歷到本身人性深處的統一,才能朝向人格的整合邁進重要的一步。[11]

醫學對於理解人乃整全個體的貢獻

也許,我們最容易被吸引接受的基本劃分法,就是將人的身心二分。這種區分是源自柏拉圖,再由笛卡兒(René Descartes)強化,後來便幾乎成了我們理所當然地看自己和看別人的一種方式。然而,近期在精神神經官能症免疫學(psychoneuroimmunology,簡稱PNI)範疇內所進行的研究,卻清楚證明這種劃分是如何誤導和武斷。

「精神神經官能症免疫學」這個專有名詞在一九八一年首先採用,是專門研究有關壓力對免疫系統功能所構成之影響。[12]這個名詞雖然有點嚇人,但是,它卻是致力於研究心思與情感(精神)、大腦與中樞神經系統(神經),和身體的細胞防禦疾病（免疫學）之間的交互關係。[13] PNI的研究人員探究這些元素之間互動關係的複雜網絡，所得的發現正是足以為現代重塑傳統身心二分觀念的最重要因素。儘管研究的成果會有眾說紛紜和甚至互相矛盾的情況出現，但是，卻有愈來愈多令人信服的科學證據顯示，身心之間那種糾纏不清的互動關係，可直接構成健康與疾病的理由。在檢視這些證據之前，也許讓我們先簡要地說明精神神經官能症免疫學這系統的基本部分。

PNI系統的核心部分是人體兩個更基本系統——中樞神經系統（腦和脊髓）和免疫系統——之間的關係。兩者都是複雜和通訊的網絡，在各組成部分之間交互傳遞信息，也與外界環境產生互動作用。免疫系統的基本作用是保持身體健康，專責擊退諸如細菌、真菌、病毒、有毒的化學物質和癌細胞等外來侵略者。也同時作為一個調節機制，防止身體各組成部分變得互相攻擊，找出和殺死那些出現突變，有可能變成癌症的細胞。它基本上是藉著兩類白血球來執行上述工作，它們分別是：B細胞（來自骨髓）和T細胞（來自胸腺）。前者在幫助身體動員其防禦力量之同時，會製造化學物質來中和患病器官所產生的毒性；後者則主力尋找和消滅癌細胞和其他入侵的細菌和病毒。這兩類細胞不斷與免疫系統其他製造信號物質的支部發生互動作用，影響其他免疫細胞。

基本上，我們可以從免疫系統如何與中樞神經系統（主要是腦），和外界環境（特別是帶來壓力、支持、滿足、焦慮和情緒波動的心理社會環境）之相連運作方式，來看出精神神經官能症免疫學這系統內的身心關聯。有充分證據顯示，情緒、心態和負面壓力，全都可以對免疫系統的功能構成消極影響。無數的研究亦顯示，人在遇上喪親之痛後，免疫系統會出現被壓抑的情況——但症狀會在兩個月而非兩週後呈現。事實證明，焦慮、沮喪和壓抑情緒會特別妨礙免疫系統的正常運作。經證實與這些心理社會因素特別相關的疾病，包括有：類風濕性關節炎（rheumatoid arthritis；與憤怒、抑壓情緒、緊張、沉默內向、追求完美和焦躁不安有關），心血管疾病（cardiovascular；與壓抑怨恨有極大關係，而且會對外界刺激產生極大反應），以及癌症（與優柔寡斷、不懂得渲洩情緒、感到沒有盼望或抑鬱有關）。[14]

雖然有不少研究致力了解各類疾病的高危病發者，不過，最有機會發病的，是所謂的「免疫功能易於受抑壓之高危族」。那些最有可能患上各類主要疾病的高危人士往往有著許多的共通點。他們一般較為沉靜、內向、可靠、認真勤奮、壓抑情緒（尤其是憤怒）、遵守規則、捨己、對別人的批評很敏感、刻意在情感方面與人保持距離、過於活躍、頑固、拘謹和自制。他們亦否定自己需要倚靠別人和盡力保持自己的獨立姿態。研究亦不斷顯示，壓力是構成免疫功能易於受抑壓的主要因素。

這種生活態度和性格的變數如何導致免疫系統受抑壓，至今仍然是個謎。可是，愈來愈清楚的是，精神和情緒狀態既可以導致疾病的衍生，又可以保持和恢復健康。例如，哈佛大學（Harvard University）進行的研究便顯示，只要觀看一齣有關德蘭修女(Mother Teresa)在加爾各答(Calcutta)照顧病患和窮人的電影，就可以增強免疫系統的能力。令人更詫異的是，姑勿論那些看此電影的人是否欣賞德蘭修女的工作，也得出相同結果。亦有證據顯示，諸如歡笑、放鬆、對事物保持正面看法、感到平和與滿足，以及正面看自己等，均有助促進健康。其他研究則指出：生活在充滿愛的關係和正面的宗教經驗中(感到被寬恕、產生敬拜的情愫等)，以及擁有生命的凝聚感，即感到某些東西把我們各人連繫起來，和本身生命的各部分都井然有序地互相接合，這些因素都有助促進健康。那些有這種感覺、感到人生有意義的人，佔人口的四分之三，他們佔患重病人口的四分之一，而那些不覺得有意義的人，佔人口的四分之一，他們則佔患重病人口的四分之三。[15]

上述的資料獲得霍普金斯大學(Johns Hopkins University)進行的一項大型研究所支持。這研究以一大羣醫科學生為對象，一直跟進直至他們中年。當這羣人四十歲時，當中最健康的，是那些在孩童年代與自己父母關係最融洽、有強烈自尊、對人生抱樂觀看法、沮喪的程度相對較低，以及顯然有能力去處理壓力的人。相對而言，那些在五十來歲患上重病的，大多數都是與父母和別人關係較差，和整體的快樂感較低的人。作為一個羣體，這些人可能患上癌症的機會比別的羣體高出三至四倍。[16]

腫瘤學家西格爾醫生(Bernie Siegel)在其著作《愛、醫藥、奇蹟》(*Love, Medicine and Miracles*)中強調，無條件的愛最能夠刺激免疫系統發揮其效能。簡言之，就是愛能醫治人。他報告說，獲得情感支持的癌症病人，其壽命可延長兩至兩倍半。那些得著別人情感上支持的人，往往最能克服恐懼和仇恨，並且逐漸體會到疾病所帶來的正面意義。

西格爾同時強調，靈性對醫治是重要的。他解釋說：「靈性是在這個不完美的世界中找到平安和快樂的能力，以及讓我們感受到一己之性格雖不完美卻可接受。這種平和的心態生發創造力，又可叫人有能力付出無私的愛。對我而言，接納、信心、饒恕、和平和愛，就是介定靈性的特點。這些特質經常在那些彌患重病卻能出人意表地痊癒的病人身上出現。」[17]

事實已非常明顯，心理的變數(情緒狀態、態度和認知)可以改變腦部的化學物質，因而引起身體的變化。反之亦然：身體的變化(例如創傷或身體組織受損)也可改變腦部的化學物質，因而使人的情緒、思想和其他心理變數產生變化。心和身是那麼的緊扣相連，我們不應當再把健康或疾病純粹視為身體的狀態。一個人生病，不單是他的身體或某個器官出現問題，而是整個人病倒。同樣地，一個人健康，也就是他整個人經歷健康。這種對健康和疾病的新體會，清楚證明身心之間的緊密互動，同時也全面支持本章所提出的基本立論——人乃是一個軀體、心理和靈性合一的整全個體。

軀體、心理和靈性的全人關顧

當我們檢視心靈的領域，我們才發現人的每一方面原來都在心靈領域之內，沒有任何一個部分是獨立存在於這範圍以外。我們的靈性是出於我們的心思和身體，它本身不能獨存。事實上，靈性的表現形式若不是以身體存在的經驗作為依歸，又不是連接於日常心理狀況的正常機制和過程，那將會是一件非常危險的事，因為這代表那人正陷於分裂狀態。這三者之間若出現「斷路」，便屬於病態。

我們當中沒有某一部分是特別負責或渴求與神建立關係的。其實是我們整個人渴求和回應這種關係。而且，我們是用與別人建立關係的同一個心理過程及機制來與神建立關係。在某個層次來說，靈性的追求就是心理上的探求，而心理上的每個探求都可以理解為在某種形式上反映出我們的基本靈性渴求。人的心理和靈性機能是緊扣相連的，因此，把兩者分割只是出於人的一廂情願，只會破壞我們對兩者的真正理解。

試圖把人的靈性、心理和身體分為不同部分，結果便無可避免地貶低了各部分彼此間的重要性。當我們把靈性等同為「我與神建立關係的那部分」，突然間，我們便發現自己只有一部分與神有關係。於是，我們便很容易會進一步推論神比較關心我的某些部分，而對其他部分則不大關心。結果，聖俗的分界線便將我們整個人分割。人於是便變成由不同部分組合而成，有些部分比另一些部分更為重要。正如前面所指，當靈性與身體分開，結果便導致靈性生命缺乏依據——屬天的經歷與人的其他方面完全無關。

這種人為的分割亦會嚴重貶低了心理對人的重要性。若我們把一切屬於靈性的東西挪走後，遺留下來的其他東西就是心理範圍的話，這些餘下的部分人格實太過微不足道，甚至不配涉足於我們與那位被稱為造物主的神之關係中。心理只成了人的一個次要機制。對人來說，最重要的是靈性。不知何故，心理範疇總是次於和獨立於最真實或最深層的我——那就是靈性的我。

同樣地，當心理從身體分割出來，結果會造成無知和帶有潛在危險的心理。我們在探查健康或病態心理時，必須同時一併考慮到靈性和身體方面，脱離軀體的心理就跟脱離軀體的靈性一樣危險。

然而，人的存在，恐怕沒有甚麼比簡化為只有身體存在來得更貧乏的了。那些單純以有病軀體為關顧目標的健康計劃，其實只能稱得上是滅病行動，並非真正追求全人健康。惟有我們真正視人是一個包含軀體、心理、靈性的整全個體，並且在關顧的過程中以此理念為依歸，才算是真正的關顧。這並非表示人格的某一方面不能成為我們的主要關注焦點。它只是表示，心靈關顧若要名副其實，就要在培育和關懷人內裏的心理和靈性生命之同時，留意這人的行為，以及他如何受其身體及外界環境所影響。

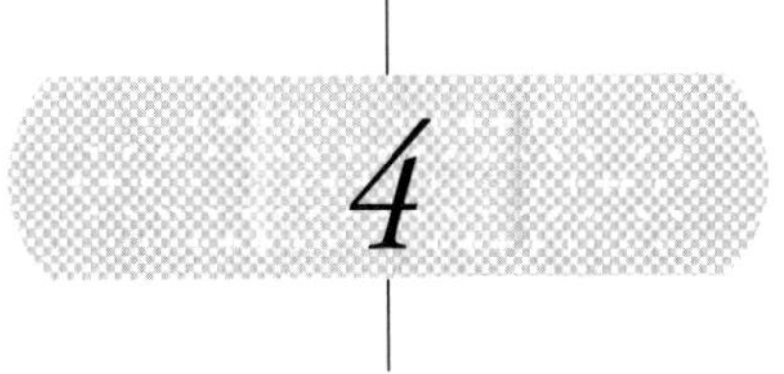

心理與靈性

我們在上一章發現很難劃清心靈的領域。對身心關係的嶄新理解，確證了這領域著實是界線模糊。因此，對於要辨別人內心世界中的靈性與心理動力，其難處是意料中事。

任何渴望提供心靈關顧的人，都必須對人的靈性和心理之間的關係有所了解。心理和靈性動力是為人編織起內心生活的兩股主線。因此，我們會用連續三章的篇幅來檢視它們的動態。首先，我們會在這一章反思心理與宗教的關係，然後再探究心理學對靈性的一些看法。在第五章，焦點會放在基督徒對靈性的看法；踏入第六章時，我們會看看在心靈關顧的對談中，心理和靈性議題是如何難分難解。

心理學和宗教

在了解心理學如何嘗試理解靈性之前，還是先簡略檢視心理學與宗教之間長期以來的猜疑、誤解和敵意，了解兩者在過往一個世紀中的關係特徵，或許對我們會有幫助。當我們仔細剖析，我們會發現當中的張力主要來自雙方對彼此的獨特觀點欠缺認識和尊重。例如，不明白或不接受心理學和宗教是從兩個不同層次來理解人，而兩者提供的解釋都是真實的。其實，我們確實有可能從許多不同的立足點來分析人或任何現象，沒有一種觀點可以排斥其他，成為絕對的真理或惟一有用的工具。儘管不同的解釋未必可以兼容，但又未必一定互有衝突。

讓我們以電子標記來說明。一位科學家解釋這個標記的時候，可能純粹從它所涉及的電化學過程來描述它的功能，完全忘記提及標記所傳遞的信息。一位設計師則可能從設計原理來解釋這個標記，完全忽略從電化學和詮釋的層面來說明。最後，一位文學批評家可能認為上述兩人的解釋都有問題，指出他們完全忽視了標記的重要性，就是其信息。他可能會就著標記所包含的信息作出詳盡的說明，卻絕口不提其他兩個層次的分析。

這幾種不同層次的解釋是否互相衝突？除非其中一人堅持自己分析的層次乃**惟一**的層次，並且本身所提供的已是整全的解釋，衝突才會出現。我們可以形容他這種解釋為簡化主義。所謂簡化，就是堅稱惟有某個層次的解釋才代表真理，至於其他解釋，最好的說法是將之稱為多餘，而最差的講法，當然是迷惑人的謊言。單純從一個較基本的層次提供分析，並不一定就會提供簡化的解釋。套用上述那個電子標記的例子，除非那名科學家堅持自己已對那標記作出了全面解釋，指稱其電化學的解釋已說明那標記所包含的全部信息或含意，那麼，他才是簡化主義者。

我們不應以為，對於任何現象最簡單或最基本解釋，只會叫其他所有較高層次分析和個別的闡釋變得累贅，反之，我們應該認為不同層次的解釋可以互相補足。因此，任何現象的基本層次分析，都應該從物理定律的架構來考慮。然而，為了真正了解該現象，我們亦需要更高層次的分析。從終極意義來衡量，最抽象或一般層次的分析往往是最有價值的。

心理學在理解較高層次的現象時(例如宗教)，經常被批評為過分簡化，是確有道理的。例如，一名心理學家認為某個宗教經驗，只是一連串複雜的神經心理事件，或是嬰兒無助感的一種倒退現象，那麼，他就是運用簡化的思考方式。上述兩種層次的解釋可能都正確，或只是其中一個正確，但是，它們卻沒有否定其他層次的解釋的價值。

另一方面，神學家往往表現出反簡化的態度，但骨子裏卻同樣採用簡化的解釋。他們排斥較低層次的解釋，喜歡高層次的抽象分析。因此，同一個宗教經驗，他們或會從與靈界接觸，被某股超越能力所驅控，或向魔鬼投降等角度來解釋。儘管這些分析本身也許有其道理，但是，若然以它們作為了解宗教經驗的惟一途徑，那麼，它們就跟心理學家所提供的一樣，是簡化的解釋。心理學和神學均犯了簡化思想的毛病，這便為心理學和宗教這兩門學科之間製造了不少張力。

不能了解對方的觀點往往會造成誤解，特別是環繞運用共通語言的問題。例如，宗教和心理學著述都會採用諸如罪疚、寬恕、信心、罪惡和甚至是神的觀念。可是，觀念背後的含意卻可能有很大分別，以致當有人以為這兩個界別是談論同一件事情時，便會出現誤解。

讓我們以神的觀念為例。當神學家談到神的時候，他們由始至終都是指一位實體，並推斷其存在是獨立於談論者的經驗以外。「神是愛」這句神學宣言往往被理解為對神性情的宣認，而非單純是某個人或某羣人的經驗描述。可是，這種信心的宣認卻超出了心理學的範疇。心理學沒有渠道去掌握任何資料，讓它可以有理由去作出有關神存在或不存在的任何聲明。儘管心理學家往往忽略了這個事實，但作為心理學家，他們對於神存在一事始終要保持不可知論者的立場。作為一個人，他們完全有自由採納任何一套經他們選擇的信仰立場，不管是無神論、自然神論、一神論或其他。然而，作為心理學家，他們便不再擁有這種自決權。這種的判斷不屬於心理學的範疇。

心理學所能做的，就只有描述人的經驗和行為。因此，心理學有關神的討論，因過分傾向自然主義，或會對神學家造成衝擊。然而，作為心理學家，這是他們惟一可以認知的神。所以，舉例說，當榮格形容神是人的自性（self）的一部分時，我們絕不可以為他在作出一個神學的聲明，反之，那只是一個心理學上的陳述。他所能夠形容的，就只有這位內在化的神，而從神學家的觀點去看，這位神當然欠缺了超越性。因此，榮格的宗教討論，應該被理解為描述人所經驗到的神，而非描述神本身；至於他的見解，亦說明一個事實，我們並非在「我」以外的某個地方、人格的邊緣或外在的世界中遇見神，反之，是我們整個人的內心深處與神相遇。

神學與心理學的用語並非經常界線分明。心理學家的言論有時也會像個神學家，跳出他們的能力範圍，毫無根據地就著一些非他們所專長的事情發表意見；也許在神學家那方亦然。最明顯將這類界線弄模糊的人物，當然首推弗洛依德。事實上，當人的父母完全沒有談及是否有一位神真正存在，人對神的觀念便確實是由本身的經驗模塑而成。而且，人類似乎也沒有顯示出對神的普遍渴求。這便是心理分析與神學言說之間的差距。作為心理學家，他們所能做的，就只有在心理的範疇內肯定或否定某個經驗，不論那是有關人、觀念、鬼神還是虛構人物。

正確的理解是，心理學和宗教其實是關係密切的，因為兩者有共同目標，就是致力於為人類的困境提供出路。它們雖然近似，卻有明顯分別，但我們不應斷言這些分別一定是來自內容或甚至是目標的不同。心理學和宗教並非處理不同種類的現實，甚或是完全不同範疇的人類經驗。兩者所抓著的，都是人類的真實經驗，並且均努力對所思考的資料尋求意義。我們不應在這個層面探求兩者的分別。

按照田立克(Paul Tillich)的看法，我們應該從兩者探索同一現實時所持之觀點入手，去判別它們的分歧。[1]田立克認為，心理學是試圖認識人存在的架構；而神學則是嘗試明白人生存的意義。這是兩種不同的觀點，但與此同時，兩者卻又緊扣相連。心理學不可能由其科學性或描述性的活動中，推斷出意義或道德，但同時，它在運作上卻又不能脫離意義或道德。同樣地，神學也不擅長對人的內心活動作出清晰的詮釋，而且，它所提供的人生觀，除非深深嵌入人的心理靈性機能的核心，才真正具有意義。兩者都需要對方。雙方亦有很多工作可以做，而且，只要心理學家和神學家願意以尊重、合作和放棄擴張主義的心態，學習攜手努力，便有機會獲得更大的成就。

朝向靈性心理學

多安(Robert Doran)在討論心理學和靈性之間的關係時指出，我們若要得著任何有用的理念，就必須避免兩個極端的立場。其一，是把靈性簡化為心理，於其中將一切靈性的經驗都假定為可以用基本的心理結構和過程來解釋。依多安的看法，第二個立場同樣是致命的錯誤，就是完完全全將靈性從心理抽離出來，使靈性成為人存在的一個獨立範疇，與心理實相或生命的其餘部分完全無關。[2]

不幸的是，心理學有關靈性的大部分著述，總是跌入其中一個陷阱。心理學家對於宗教和靈性經驗作出了無數的否定，而宗教人士則用所謂「靈性生命的心理分析」來抗衡，結果只餘下一個與其餘的心理現實完全不相通的分離狀態。

連弗洛依德自己也似乎有一段短時間意識到這個危險。例如，他曾經有一次承認他的理論並非徹底解釋各種宗教現象，他只是加入一個新的角度來理解它們。[3] 後來他亦指出，不能因為有某些東西是屬於幻象——即因著人的願望而產生——而判斷它一定是假的。[4] 因此，即使是弗洛依德學派對宗教或靈性經驗的解釋，也可能幫助我們明白這種經驗的心理元素。不過，它肯定不可以藉解釋來消除該經驗，或告訴我們任何有關其本質、意義或價值的東西。

因此，我們需要的，似乎是一套可以將這類經驗放置在總體心理靈性功能架構內和人存在歷程中的靈性觀。為了進行這方面的探究，我們將會扼要地檢視心理學中，對人類靈性表示善意認同的四個系統，了解各派理論所作的貢獻，它們分別是：分析心理學(榮格)，我們心理學(管基)，存在心理學(祈克果、芬杜和范甘)，以及默想心理學(梅杰德和麥南馬拿)。

分析心理學(Analytical Psychology)

當我們檢視心理學對靈性的看法時，也許榮格的理論是最佳的入門，因為在心理學的理論家中，沒有一位比榮格更願意將心理與靈性緊密連繫起來。對比於反對宗教的弗洛依德，榮格卻認同宗教，並且建立一套將宗教和靈性需要放在人心靈核心的心理學。相對於弗洛依德視宗教為一根幻覺的拐杖，榮格則把宗教視為人類本性的一個與生俱來部分，更是達至健康和圓滿人生的一個根本基礎。

於榮格的靈性觀，核心的觀念是個體化(individuation)。個體化指人透過人格中的意識和潛意識層面的綜合作用，逐步變成完全(whole)的終身過程。用更專門的術語來說，榮格視此為自我(ego；即意識的中心)和自性(self；即最核心的部分，範圍超越意識而直達潛意識)之間關係的建立。

榮格視個體化為一個宗教過程，指那是使自我的意志順服於神的意志。因此，靈性成長就是從自我作為人格中心，逐步遷移至以自性作為人格中心。

在榮格的心理學中，自性是一個頗為玄妙的觀念。希斯利 (Verda Heisler) 認為，榮格學派的自性「由個人的心理一直延伸至廣大的宇宙，作為神聖創造力量的容器，在人格發展過程中逐步展現，但它卻不單超越個人，更超越人類。」[5] 按照榮格的看法，自性是我們人格的真正核心；自我只是一個邁向整合目標的中途站。問題在於人很容易在自我中心點被卡住。然而，除非人離開自我，進到以自性作為核心，否則便不可能達致靈性追求的目標——完全。

更具體來說，這過程要求的是把人格中各個相配合和相衝突的元素，與自性融合起來。過程當中尤其重要的，就是陰影 (shadow) 的融合。由於陰影所包含的心理特質與自覺的價值和目標互不相容，因此它便不能在意識或自性之中佔一席位。我們若要成為理想中那個真正和完全的人，就要將人格中這些潛意識部分融合在人格的其餘部分中。

因此，個體化被視作超脫自我中心那有限、有選擇性及甚至是欺騙性的功能。人可藉著增強意識部分——即增進對自己的認識——來達至這得救之路。榮格認為，當我們逐漸覺察到本性中的負面天性，那麼，我們就不單能認識自己，而且更能認識神。按榮格的看法，神的形象與整體的潛意識部分並不相符，卻與它的一個特殊部分——自性的原型——相符。因此，靈性成長便是在自性中發現這神的形象，並將它融合在人格的其餘部分中。

榮格對靈性心理學作出很多貢獻。最首要的，是他理解到靈性乃人與生俱來的經驗。對比於弗洛依德認為靈性是人的病態，榮格則認為沒有靈性才是病態。榮格的宗教經驗心理學使他可以將宗教移離神經病的領域，並將它安穩地放在自性深層部分那活潑多變的表達領域中，如此，他便恢復了心理生活的宗教功能。榮格另一個洞見是，人是在自性的核心與神相遇，而不是在宇宙的某個遠處盡頭與神會面。這正是宗教於人類來説是那麼自然的一個根本原因。由於榮格並非一位神學家，他的身分不足以讓他討論究竟是否有一位超越的神存在於自性以外的問題。然而，作為一位心理學家，他已恰當地指出人可以在自性最深處發現神，而這種發現將予人獨特的能力，成為融合人格其他部分的一個竅門。

神既是居住在潛意識內，榮格體認到靈性必須牽涉到潛意識的語言(象徵)，而不單是意識的語言(説話)，乃是言之成理的。此外，對於他發現象徵在心理整合方面的重要作用，亦大大幫助我們明白到象徵和禮儀在宗教生活中的位置。靈性和心理在這裏是深切相關的。

榮格指出，靈性和心理的健康，乃在乎人格中意識與潛意識動力之間的一個開放關係。這説法對靈性觀作出另一重大貢獻。較之其他有深度的心理學家，榮格也許是當中最願意指出，人格中的意識和潛意識部分要如何締造友誼與合作。此外，他指出個人必須超越自性的不整全觀念，對靈性成長來説也是重要的一步。有關他對心理類型的討論，對於理解不同個體經歷和表達他們與神的關係的獨特方式，亦非常有價值。最後，他用以分辨真假宗教經驗的標準，對於靈性心理學亦是一大貢獻。他認為，人的內心世界與外在世界整合，便是分辨真假宗教經驗，以及神祕經驗和神經病的主要方法。這種區分對靈性成長有重要的意義。

作為心理學家的榮格，相信配得很高的評價。他的理論對於從心理角度理解靈性作出了重要貢獻。若同時評價他為一位神學家的話，雖然有點兒奇怪，但其實也相當恰當。榮格經常像個神學家那樣書寫，儘管讀者並不經常這樣以為。他寫的〈回答約伯〉（'Answer to Job'）正是其神學著作一個特別出色例子，這篇文章代表了他要建立一套有關罪惡的心理神學之努力。[6] 在這篇專文中，榮格分析神的屬性，探索神在管理罪惡方面的衝突和限制。榮格在當中進行了那麼廣泛的神學討論，以致最少有一位神學家曾經指出，把榮格看作一位道德哲學家或神學家，比作為一位心理學家更為適合。[7]

但作為一位神學家，榮格大概不會得到那麼高的評價，至少，若從基督教神學的立場來看，便是如此。若從傳統的基督教來評價，榮格的靈性觀最大的缺陷，似乎是未能充分顯示神的超越性，或是未能為我們自己的超越性提供空間。榮格的神完全是一位內在化的神，以致帶出一個被神化的自己。

對比於這位完全內化、居住在集體潛意識裏面的神，基督教的神則是既內在，又超越萬有。因此，基督教的救恩容許我們超越和提升自己。事實上，我們在下一章將會看見，基督教的信仰一直認為這樣的自我超越乃靈性成長所必須的。儘管榮格試圖在他的模式中建立自我超越的觀念，但他所提出的其實較接近自我實現。

分析榮格的心理學和基督教信仰之間的關係，多安的結論是：榮格對基督教靈性觀所作貢獻的最大缺陷，是「我們內心的最深處……不再是我們自己，乃是恩典之所在，神藉著祂所賜給我們的聖靈，將神愛的恩賜傾倒在我們心裏。」[8]榮格卻不是從恩典，而是從本質的角度來解釋這最深處。多安指出，這種將神等同於自性的解釋，使祈禱變成自己對自己説話，因此破壞了真正基督教信仰那種超越自我的經驗。

若然榮格那種人格個體化的看法變成了靈性追求的目標，那麼，榮格的理論便應被視作基督教信仰之外的另一個選擇。雖然人格以自性為中心無疑會比以自我為中心來得更健康和更接近完全，但是，卻仍然離開基督教的救恩很遠。在基督教的救恩中，自性是以耶穌基督作為基礎和中心，因此，更新之後便重歸那原初被造的形象。於是，我們有的不單是人格的整合，更是聖靈住在我們裏面，祂的生命在我們裏面運行。因此，榮格的心理學似乎只能對靈性的一般理解作出重要貢獻，卻難以取代真正的基督教信仰。

我們心理學(We-Psychology)

管基(Fritz Kunkel，1889～1956)的理論雖然不及榮格的心理學那樣廣為人知，但是，他那套以榮格的觀念為基礎的心理學，卻似乎避免了榮格在靈性觀方面所出現的主要限制。管基是阿德勒(Alfred Adler)的門生和同事，並且一直與榮格保持通信。他試圖綜合弗洛依德、阿德勒和榮格的理論，並以此作為基礎，建立一套明確的宗教心理學。他用一個問題作為起點，那問題就是「為何離開自我中心是那麼困難」。榮格強調知識是助人離開自我中心的工具，但管基卻認為不只如此，他將研究目標鎖定為理解自我中心的發展和運作，因自我中心乃妨礙人去順服神的最大障礙。

管基認為自我中心是源自人的早期童年，是順應幼童那種以自我為中心的環境而產生的自然發展。他形容自我中心為「對不正常情況……缺乏那種正確的愛……之正常反應。」[9]由於父母的愛某程度上總有點自我中心，因此便無可避免地不完全。結果，幼童總是承受某種因自戀而帶來的傷害，他便用自我中心作為對抗的武器。這是對管基形容為天生的「我們感覺」(‘we-feeling’)之一種反叛；按他的看法，幼童天生有這種能力去感應到別人乃自己的一部分。依此來說，管基指出這個己(self)並非人的自己，反之，我們必須將之理解為總是包括「我們經驗」(‘we-experience’)的己，即總是感應著人與人之間的相依關係。從管基的觀念來看，回歸到幼童未出現自我中心之前的「我們感覺」，便是我們達致成長和完全的盼望所在。這便是他這套心理學系統得名之由來。對比於其他心理學的取向，管基認為這個擴闊了的超越自我的己，便是與別人和神建立真正關係之途。

儘管在榮格的理論中亦隱含這個擴闊自我的觀念，然而，他卻並沒有強調別人在這個我的出現及其繼續發揮功能的過程中的重要性。但是，在管基的觀念中，別人對於己是不可少的。事實上，以自我為中心的生活之所以那麼貧瘠，正是因為我們與別人的關係斷絕，得不到那關係在我們內心深處所產生的創造力和能量。事實上，自我中心的人也可與別人建立關係，但是，除非我們真正將自我中心從人格的最核心部分完全剷除，我們便不能經驗到與別人的深入連繫——那正是管基所指稱的「我們經驗」。

嬰兒最初與母親的連繫無可避免地要中斷，以致帶來了自我中心。事實上，這牽涉到我們真正的中心——自性，被那虛假的中心——自我——所取代。由於自我（我）遠比己（與人建立關係的我）狹隘，結果便造成疏離。自我隨之會變得愈來愈脆弱，因為它被要求去做一件它一直不願意或沒有預備好要做的工作。故此，自我便變成一顆包圍著我們人格的硬殼——那是我們製造出來的硬殼，用以保護我們免受更多的傷害。然而，這卻使我們失去我們賴以為生的資源，而自我中心最終只會把我們帶進危機。管基認為這危機正是我們離開自我中心的惟一契機：

> 任何形式的危機都只會引領人因種種不快的經歷而萌生認知，就是他需要重新調校他的思想和行為。這個體逐漸明白到，他必須作出改變。舊有的行事方式不再使他感到愜意，所以他必須採納新的方式。他已到達了一個轉捩點。這可能造成

> 整個自我模式的完全崩潰，或只是對當中某些元素作出輕微改動……那種以自我為中心的心理生活會瓦解，因為它的內容已證明是錯誤，它的形式也過於死板。人若試圖拯救他的自我，則只會叫他更接近那危機。[10]

管基認為，這正是基督教導人，凡要救自己生命的，必喪掉生命之含意所在。情況似乎是，當我為了救自己的生命——即真正地活出生命——我必須喪掉那似乎是屬於我的生命，那圍繞著自我的錯誤觀念和價值觀系統。管基指出，我們要這樣做的時候，方法不外乎是要「在服事『我們』整體的範疇內找到本身的位置」，那就是要透過服務別人和與別人建立關係。

管基用以下一番説話描述這如何關係到降服於神：

> 因自我的崩潰和自我中心的完全失落而造成的空虛和漠然感覺，會驅使人尋找他本身生命和整體人類生存之真正基礎。他將會發現人一方面毫無能力，卻又極其重要，他是一個更大單元的一部分，要向這單元負責。此外，他將體會到——這是至為重要的洞見——他本人以及那較大的單元，即是「我們」，乃被一位掌管世界、讓他及別人均在那裏居住、行動和存活的更高實體所創造、差派、供養、賦予特質和使用。於是，他感到自己被神所吸引和感召，並獲祂委以一項具體的任務。

他感到自己猶如一件工具，被一隻大能的手抓著，

又或是一個武士，獲王上託負重任。[11]

管基的我們心理學大大糾正了榮格靈性觀中的最嚴重缺陷，但與此同時，卻又保留他對內心生活動態之豐富理解。靈性在這裏被理解為自我超越和自我降服，這些觀念對基督教信仰的價值，較之自我實現或個體化更為重要。

存在心理學(Existential Psychology)

存在心理學有別於一般的心理學學派，它並非完全是一套明確的理論或技術。它的起源經常與丹麥神學家和哲學家祈克果(Søren Kierkegaard，1813～1855)相提並論。自他之後，存在心理學便演變成一個很廣闊和多樣化的傳統——闊得難以為它下一個定義。作為一個組別，存在主義的取向與那些用簡化方式看人的心理學系統剛好對立。存在心理學家對人的本質置之不理，他們抽取某些哲學和心理學學派的理論，專注於探求人的存在和有關問題，諸如人生意義和目標的確立；自由、責任和抉擇；對人乃孤獨存在的現實和死亡的無可避免作出有創意的回應。這些及其他有關的議題，驅使存在心理學家走進靈性的真正核心。

祈克果

祈克果作為一位思想家，他的廣博程度可從一個事實反映出來，他的著作一直跨越我們慣常將書本分類為文學、心理學、神學、哲學和靈修著作的狹隘界線。他的心理學

著作中以《死病》(*Sickness Unto Death*，1849) 和《憂懼之概念》(*The Concept of Anxiety*，1844) 影響至鉅。我們便是從這兩本書發現他對自我，與自我在信仰中之位置有最詳盡討論。

祈克果把人視為靈。他的意思並非說人是非物質的；他乃是指出靈是一個人終極可以成為的全部。每個人都想活出「我」。對祈克果來說，自我並非與生俱來，它是人追求的一項成就。人要成為一個有自我意識的負責任個體。這亦正是成為靈的含意。

祈克果介定靈是「自我與自身建立關係」。[12] 他的意思是指自我接納、自我認識和自覺能力——這一切都是一個成長中的自我或靈所具備的特質。然而，人不能完全靠自己來變成理想中的那個我。最終，人只能透過與神建立關係才能變成真正的我。專為祈克果的心理學作出有系統分類的諾登托夫 (Kresten Nordentoft)，這樣描述祈克果在這方面的思想：

> 人一直與神保持關係，不管人承認這關係與否，但人的存在總是受這種關係所影響，……人並不可以透過妄想使自己脫離一切從屬關係而變得自由，反之，他要向自己承認他真正有此倚賴，那是神為他創造的，並且，他藉著與那全能者建立關係而得釋放……倘若人與大能者的關係未能變得自由，那麼，他便是使自己與其他不知名、陌生權勢的關係也變得不自由。[13]

當自我懂得倚賴某些在其自身以外的東西(即神)，那麼，它就能發揮整合人格各方面的作用。按祈克果的看法，自我是由眾多由始至終都互相對立之元素綜合而成的。自我是有限與無限、短暫與永恆、可能的事與必須的事之綜合體。自我把它們聚合起來，因此，人的一生便要不斷付出努力、保持警覺和付出勇氣來保守自己作一個真正的人。

人經常面對一個試探，這試探就是對這張力漠然不理。然而，祈克果卻認為此乃懦夫的行為，因為它破壞自我要逃離焦慮的努力。結果造成一面倒的人格，欠缺平衡。按祈克果的看法，這將無可避免地引致絕望。絕望有兩個表達形式：一就是不願意成為自己(對弱點絕望)；一就是願意做自己，卻抗拒神(大膽的絕望)。無論是哪種表達形式，都永遠無法建立或實現真正的自我。

這種對靈性的理解，與前面兩個討論過的立場有極顯著的相似。祈克果就像榮格般相信，自我乃各部分人格之綜合體——即使某些部分好像很不容易聚合起來。要將這些各有差異的部分聚合起來的掙扎，正是靈性的掙扎，惟有透過這樣做，我們才會成為真正的我，而非活出某個虛假的我。

祈克果強調這過程中的自我認識，也跟榮格一致。祈克果指出，對自我的醒覺乃自我的特徵。愈多醒覺，就愈多自我。然而，他比榮格更明確地說明，認識神乃這過程的其中一部分。祈克果認為，我們開始時並不意識到自我乃永恆地存在，後來才逐漸認識到我們的存在具有這永恆的特質。隨著我們醒覺到自己是在神面前存活，自我便愈來愈清晰，我們便成為真正的自我。用祈克果的話說：「愈有神的觀念，就愈有自我；愈有自我，就愈有神的觀念。惟有當這有限的個人意識到自我是在神面前存活，他才成了無限的自我。」[14]

祈克果聲言自我必須建基於某些在自身以外的東西，以及惟有建基在神裏面才能有真正自我的說法，接近管基的說法多過接近榮格的說法。祈克果在這裏承認自我要降服於某些大過自我的東西，管基則指出此乃走出自我中心的惟一途徑。

芬柱(John Finch)

自稱為基督教存在心理學發言人的芬柱，是試圖帶領存在心理學回到祈克果那裏尋找根源的當代作者。他指出，存在心理學已放棄對心靈或自我的終極參照點作出任何關注；他並且強調，除非心靈建基在聖靈、自由、責任和其他一切超越自我之特質上，否則便毫無意義。

芬柱在檢視那些弗洛依德學說的主要人士之爭論點後指出，他們的異議主要是關乎弗洛依德把人性中某些不符合其機械化和自然主義模式的部分刪除。他們用各種不同的名稱來稱呼這些部分，包括靈魂、心靈和自我超越的能力，但各人均堅稱人只有經由這個部分才能達致完全。芬柱認為，這些理論家留意到那種人的特質，正是*imago dei*，即是「神的形象」。他提出**靈**這個字最適合用於形容人的這方面，並介定靈乃是「人所獨有的特質。人是因為有此特質，才得以成為一個超越自我、自由和負責任的人。」[15]

對芬柱來說，把靈理解為*imago dei*，正好解釋我們為何有尋求神的傾向。這神的形象和尋求神的傾向，卻被一個防衛的網絡所隱藏，它在聲稱保護自我的同時，其實卻是使自我窒息。芬柱稱這些為虛假自我的防衛，它們乃罪的結果；芬柱認為，它是我們堅持要主宰自己的命運和掌管自己心靈這自我中心傾向製造出來的毛病。

芬柱的最大貢獻，也許是在於指出虛假的自我如何回歸到心靈，最後以聖靈為依歸。他的方法，是在教會傳統舉辦的退修會中進行深入的心理治療。這種治療性退修的過程包括脫掉虛假的自我，落入一個恐懼當中，神祕主義者稱之為深淵。芬柱形容這是「徹底和不可迴避地面對自身的存在，而同一時間卻體驗到神的無限慈愛。因為當人不再徒勞無功地嘗試建立本身的安全感，他才會發現自己原來一直被抱住。」[16]

芬柱那套基督教存在心理治療理論的目標，是要鼓勵人去尋求幫助，藉此去尋找和建立他們真正的自我，就是他們的靈。芬柱形容此為一次靈性的接觸，治療者在當中嘗試「發掘和探究那個經長年累月形成的理性化外殼下所隱藏的東西；用愛心吸引那人把一直小心隱藏的責任感拿出來；煽旺其良心散發小小星火，重燃火焰；整理良心和嘗試向心靈見證聖靈⋯⋯鼓勵他的靈浮現和成為它自己。」[17]

芬柱的治療法令人聯想到管基強調要有危機的出現，才能打破人的自我中心。對管基和芬柱二人來說，靈性成長必然涉及危機。要打破包裹著虛假自我的外殼並不容易，但除非它被打破，真我（靈）便不會浮現。有關自我中心乃靈性之敵人這觀念，芬柱亦與管基一致。兩人亦認定，只有透過以神為基礎的超越自我，才能產生我們所需要的完全人格。

范甘(Adrian van Kaam)

最後一位我們會談及的存在心理學代表人物是范甘。同時接受心理學家和天主教神職人員訓練的范甘，其著作經常以靈性的問題以及心理學如何能夠引導或協助靈性成長為重點。

也許，我們可以在《做你自己》(*On Being Yourself*，1972)一書中，找到范甘對靈性與心理學的最清晰論述。[18]他在這書中探索靈性成長與發現自我之間的關係。他的要旨是，靈性乃人來到神面前，於亮光中嘗試來整合自己。他的意思是要指出，我們要嘗試在生活中意識到我們是活在神面前的事實，從我們是從神而來的角度來看自己。

正確地理解，靈性追求可以被形容為追求自我發現和自我實現。那是追求真正的我——那原初的我。然而，我們不可以把它與自我提升或單純的自我實現混為一談。它不是在與神隔絕的情況下尋找自我，乃是尋找在神裏面的我(self-in-God)。這正是把自我如同偶像般追求，與基督教靈性成長之間的分別。

范甘指出，當聖經談及要捨己或否定自己時，我們不應該把它們解釋為失去我們的身分或與神混為一體。其實，它們的意思乃是「我必須使自己遠離虛假自我的形象。我不該追逐一個孤立而仿似神的自我」。[19]我要尋找隱藏在神裏面那個原初的自我，而除非我找到它，我才找到真正的自我。

基督教的信仰是透過面向神而去尋找我的意義和整合點。但我們基本上並非向外望，反而是向內望。范甘形容這靈性的生活是一種向內的生活，要與我們最深層的自我接觸。我們在此處找到神向我們透露祂對我們一生的旨意，那是最私隱、最個人的說話。我們在此處亦認識到神呼召我們作為獨特的個體，要成為怎樣的人。我們將發現，我們每一個人都是蒙召成為一個獨特的自我、一個原初受造的人。

按范甘的看法，真正的信仰並非單單模仿或歸依。人的靈性生活絕不可以臨摹別人的。基督教經常忽略了這個重要真理，以為隨著我們變得愈來愈像基督，我們彼此就會愈來愈相像。范甘堅稱這是一個根本的錯謬；我愈是在基督裏成長，我就應該愈能夠在我裏面找到和活出那位獨一無二的基督。

屬靈的人有一個特徵，就是他們的人生會有目標和方向。這些目標和方向並非表面化或任隨己意的，反之，它們是從人格的核心湧流出來的。對比之下，不屬靈的人也可能有目標和方向，可是卻並非從自我的最深處湧流出來。基督徒的靈性是源出於我們與基督的聯合。用范甘的話來說：「從最深層的含意來理解，靈性住在我的存有之最核心處，在自我或靈的最深處，我就是在那裏甘願將我的意志與神給我的旨意結合起來。」[20]

范甘描繪成熟的靈性乃關乎從人格深處湧流出來的目標和方向，讓我們聯想到榮格將真假靈性作出區分。

榮格和范甘二人均認為，真正的靈性是始於內在人格的整合，和步向由目標驅動的行為。范甘的靈性觀亦幫助我們明白到自我發現在靈性成長中的作用。當我在神面前追尋自我，我便有能力找到真正的我和原初那個屬靈的自我——我若然離開自我的真正本源和基礎，去追求自我實現的話，這真正和原初的屬靈的自我必將永遠離我而去。

默想心理學（Contemplative Psychology）

默想心理學從來不是一個心理學的主流系統，名稱來自梅杰德（Gerald May），那是他致力從靈性看心理經驗而建立的一套觀點。他特別借重古代東西方屬靈傳統默想作品之智慧，認為心理學的結構要倚仗敏銳的洞察力，但與此同時，他仍尊重其他認知的傳統模式，例如觀察和邏輯推論。他認為默想心理學的目標並非要破解奧祕，而是去欣賞奧祕，即使不明白，卻仍然嘗試去認識它、經歷它、愛它和孕育它。[21] 默想心理學得名自默想靈修，梅氏將之定義為願意和勇於向奧祕開放自己。

有關梅氏論及以默想取向處理心理學或靈性，背後的態度在於他要區分願意（willingness）和執意（willfulness）。**願意**是指開放地降服於一個大過自己的現實，隨時準備去放棄人可以主宰生命的觀念。它相當於放棄獨立。相對而言，**執意**是試圖主宰本身的命運和操控本身的存在。簡單來説，「願意是每一刻向仍然存活的奧祕説聲『是』。執意則説『不』，也許更常見的是説『是，不過⋯⋯』」。[22]

對梅氏而言，靈性和奧祕之間的關係是重要的。他認為靈和奧祕是關係緊密的。奧祕未必一定是屬靈的，但毫無疑問，靈性卻總是神祕的。探求在經驗中充分意識到人生的意義，是一個靈性的追求；若然夠深入的話，將無可避免地涉及奧祕。

宗教和靈性亦關係緊密。他認為：

> 若然宗教包含的只是不問因由地去依從行為準則、非經驗性的神學和儀式，宗教是可以在沒有靈性的情況下存在的……只有當人開始認同自己與那終極的靈或奧祕有關係，而當那種關係開始透過某些具體行為表現出來(例如敬拜等)，他這樣的靈性追求才確實是宗教……沒有成為宗教，任何靈性追求都不能有太大的進展。[23]

梅氏認為默想心理學的基礎，便是他所稱的「聯合的經驗」(‘unitive experience’)。這是一種短暫失去自我界定，同時有某程度超越自我之經驗。在這瞬間，一切腦部活動似乎暫時停止，那人感到自己被一種令人敬畏或驚歎，和可能使人懼怕或焦慮的狀態所懾住。然而，這同時亦滲透著一種合而為一的感覺。聯合的經驗似乎是一種普遍的屬靈現象。梅氏指出，當他與人進行深入的交談，並發問得宜的話，基本上所有人都可以說出一兩次這樣的經驗。

這些經驗對靈性之所以那麼重要，正是因為它們能清晰顯明願意和執意之間的分別。聯合的經驗不能執意製造出來；人只能在願意的情況下接受它們的出現。它們是恩典的賜予。故此，這些經驗便說明甚麼是降服，那正是真正屬靈經驗的特徵。

梅氏認為，最根本的靈性追求是找尋我們的根。人類的靈性渴求是體認到我們已忘記了我們是誰，並承認這個事實，尋找我們安身立命之所。梅氏指出，心理學在回應這追求時，總是免不了會把它簡化為某種形式的需求滿足、自我陶醉的過程。惟有宗教能幫助我們明白這種靈性的追尋。然後我們會明白，「我們實在無須瘋狂地尋找，事實上，我們早已被尋找的對象所尋見。」[24] 我們通常會繼續尋找，但逐漸地，尋找便被降服所取代。梅氏繼續說：

> 那種〔靈性〕渴求就在日常意識的邊緣徘徊，靠著間中出現的屬靈經驗，和對「家」的片段記憶來保持氣息——那「家」的感覺是在自我界定和建立獨立身分之前便存在的。這份與「家」重聚的渴求隨時可以被意識喚起，但是，由於我們大部分時間都忙著其他事情，以致沒有留意它。[25]

儘管麥南馬拿（William McNamara）並沒有用默想心理學來稱自己的理論，但他的著作卻與梅氏的見解非常近似。麥南馬拿從基督教神祕主義的範疇來汲取他對心理學的見解，他認為基督教信仰的目標，是實現與神的聯合。他指出，只有與神聯合，人的人格才會獲得終極的實現；這才能滿足生命最深層的渴求。

尤為重要的，是麥南馬拿有關人格深層核心的討論。它是人的靈（spirit），還是神的靈（Spirit）？他的答案是：

> 心靈的核心並非神，但它卻是緊密地建基在神裏面，以致有時會錯誤地取代了神自己。那核心是人的存有的被造基礎，建基於神那不經創造的存有……此靈魂最奧妙和最神聖的深處，正是神的住處。我們便是在這個神聖的核心，按著祂的形象被造。除了神自己之外，沒有任何東西能填補或滿足這核心。在這核心，神比人更加真實。[26]

麥南馬拿和梅杰德從豐富的基督教神祕主義得出一套對靈性的看法，既可與本章所提出的其他理論兼容之同時，又使之變得更豐富。他們再一次告訴我們，靈性是深層的渴求，最終只能藉著超越自我來滿足。人類自身顯然是不完全的。我們最深層的渴求為了尋求滿足，似乎要驅使我們超越自己。這些渴求通常被稱為靈性的渴求，因為我們若要滿足它們，就必須超越慣常生活的模式。它們呼喚我們追求一些更高、但同時又是更深的東西。這些渴求叫我們進入自己的深處，但同時卻又要我們離開和超越自己。靈性的渴求就是這樣奧妙。

整合的靈性

本章檢視了幾個論及靈性的心理學系統，證明靈性並不需要站在心理學的範疇以外。靈性的渴求根本就是出於人格的核心所在；它們不是人某些部分所挑起，卻不牽涉人格的其餘部分的渴求。因此，它們可以從心理學的角度來研究。即或這個參照點未能對靈性提供一個終極或全面的解釋，它卻仍然有助我們理解它的本質，以及它在人格的所在。

在我們所檢視的理論中，不同理論家對靈性的本質竟有相當一致的共識。他們似乎全部都同意靈性是與內在生命(最理想是包括人格的各別方面)和外顯行為的整合有關。此外，他們亦全部同意這整合包括了：要超越那個由我們自己造出來，以致混淆真我的虛假自我。除了榮格以外，其餘各人亦贊同，除非我們的自我倚靠神，我們才能超越那虛假的自我和整合人格。只有當自我或心靈是以聖靈為依歸，我們才尋得真正的自我——那個在神裏面的我。因此，靈性的追求就是追求我們的安身立命之所和我們的身分所在——表面上，這種追求並非靈性的追求，但是，這些理論家都異口同聲地指出，只有靈性所提供的，才能成為這追求的惟一圓滿答案。

這種對靈性的理解與傳統基督教的理解如何銜接起來？基督教的靈性觀與其他非基督教，或甚至是非宗教的靈性觀又有何關係？也許更基本的是，我們該如何理解靈性的觀念？這些正是我們下一章要探討的問題。

5

基督徒的靈性

當檢視心理學如何理解人的靈性層面時，我們會碰到對**靈性**(spirituality)一詞的不同解釋。因此，在建立基督徒對靈性的看法之前，我們需要先清晰了解**靈性**的含意。這樣一來，我們還可以提出一個架構，幫助我們明白基督徒的靈性與其他靈性之關係。

靈性的層次

靈性最普通的定義，是人對意義、神和有關事情的追尋和經驗。當我們渴求與某樣我們潛意識知道那會釐清我們的存在意義，讓我們的身分和自我實現找到依歸的東西建立關係，那就是靈性的表現。作為人，我們與生俱來就有一種尋求連結、人生意義和自身身分的深層和基本渴求。靈性的渴求在我們的知覺之外冒起，我們忘了自己是誰和歸屬何處。然而，我們彷彿有一個原型記憶，這記憶關係到我們所屬何處，它同時亦是某個有別於自我的空間，涉及與某位超越自我的更高者之關係。

因此，靈性也是一種渴求自我降服的表現。我們似乎有一個想事奉比自我更大的事或人的需要。我們的內心深處，似乎明白到耶穌教訓人，若要得著生命，就要先喪掉生命的智慧。儘管我們有一股自我中心的拉力，拉扯著我們不可向任何人作出任何的降服，反去追求建構一個完全自主的自我；但與此同時，我們又似乎知道，靠自己努力創造的空間畢竟太小，不足以盛載任何重要的意義和恆久的身分。透過超越自我的降服，我們霎時會發現自己可以找到生命的意義，亦找到一個凝聚身分的架構；我們亦霎時間察覺到自己可以找到一個安身立命之所和真正的自我。

用另一種說法，靈性可以被視為人的神聖經驗和對這經驗的回應。所有被造的人都是有靈的活人。這表示所有人都有某種關乎神的意識。他們的惟一選擇，乃在於如何回應這意識。作為人，我們無可避免地要面對一個挑戰，就是找出我們的存在與神有何關係。人被造，是為了與神建立關係，在神面前放下自己，和用愛來事奉神；我們惟一的選擇是向神獻出自己和我們的事奉。我們可能事奉創造我們的真神，亦可能事奉偶像——姑勿論它是我們自己，或其餘的受造物。但我們必須有事奉的對象，而且，我們回應此呼召而作出的事奉和降服，便為我們的靈性和身分定位。選擇終極的效忠和降服對象乃靈性的抉擇，是人一生中總免不了要作出的抉擇。我們只有在內心選定的效忠範圍內，我們的意志和心靈才會得著自由。

靈性乃是人性之根本。形容某人屬靈而另一人不屬靈，只表示兩人在意識和回應天賦靈性時有所差別。屬靈的人乃是願意聆聽自身心靈深處的渴求和努力對這些渴求作出回應。不屬靈的人並非沒有靈性的渴求，他們只是選擇不去理會這些渴求。他們會藉著各式各樣的事情來使自己與內心深處隔絕，把注意力放在外在的世界而甚少關注內在靈性的現實。

然而，並非所有靈性都是宗教的靈性，而宗教的靈性也不一定全是基督徒的靈性。梅杰德認為，只有當人開始經驗到自己與某種更高的能力建立關係，並且以禱告或敬拜來回應這種關係，這樣的靈性追求才變成宗教的靈性追求。[1] 基督徒靈性是宗教靈性中的一部分，乃關乎藉著相信耶穌基督和聖靈內住在生命中，與神建立的一種親密關係。下面的圖一正能具體展示各種靈性之關係：

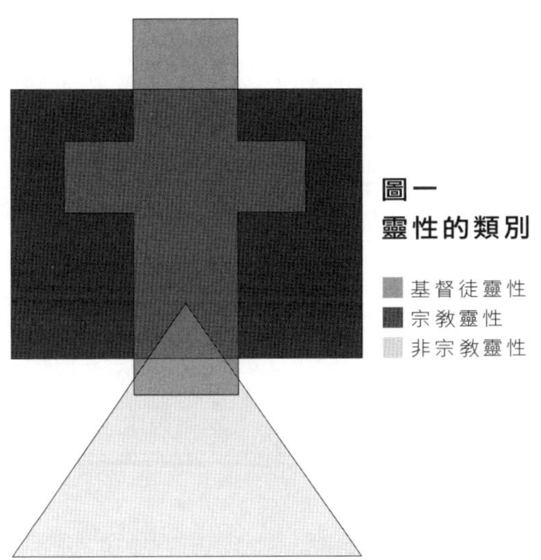

圖一
靈性的類別

靈性的最基本形式正是我所稱的非宗教靈性。這是對超越自我和降服的追求——這種追求就是我們本性的一個根本部分，因我們是按照神的形象被造。我們很可能會意識到這種渴求，卻不能體會其終極意義，事實上，這些渴求代表神在我們裏面所發出的聲音，呼召我們與祂重建關係。那些意識到本身這些渴求而又能作出回應的人，顯然會比那些沒有這種意識的人，活得更有生命力、更人性化和有較佳的心理狀態。然而，從基督徒的觀點來看，這等人還沒有與神建立親密的關係，他們只是找尋到內心渴求所要引導他們到達的目標。

宗教的靈性關係到要與某種能力或存有建立關係，而這存有就成為超越自我和提供人生意義的焦點。這裏的靈性明確包括禱告或默想及敬拜。不少發生在嗜酒者互誡協會（Alcoholics Anonymous）等羣體中的經驗，都似乎是支持宗教的靈性的，但這與他們所聲稱的非宗教靈性立場恰好相反。他們會鼓勵求助者將他們的生命交給一個更高的能力去管理，然後通過默想和禱告與這能力建立關係。儘管所鼓勵的可能是一種非宗教的靈性——而嗜酒者互誡協會在應用某些觀念時正是如此——但是，正如梅杰德指出，若沒有成為宗教，任何靈性的追求都不會有多大的進展。[2]

至於基督徒的靈性，則是在基督教信仰和基督徒羣體的處境下思考和回應內心深處的靈性渴求。這使當事人體認到靈性的渴求乃是聖靈對心靈的呼喚，往後的路程也有聖靈的滋養和帶領。

基督徒靈性的精髓乃在於人的心靈在聖靈裏面找到依歸，隨之與神建立緊密的關係。靈性的成長是與神進入更深和更緊密的關係。隨著這種關係的發展，我們的意志和性情便會愈來愈與神的旨意和屬性配合，我們亦變得更加完全。與某些諷刺基督徒靈性的漫畫相反，我們不會因為變得更加像神而變得更不像人。反之，當我們回到神的家，我們便找到真正的自我和變成更完全的人。因此，靈性成長與心理成長密切相關。隨著我們在成長過程中與神建立更緊密的關係，我們便找到我們的安身立命之所、身分和目標，同時，亦發現那個可以幫助我們整合人格的參照點。

基督徒經驗神的方式

即使對基督徒靈性的發展史有皮毛的認識，也會知道在這方面的理解和經驗實在是五花八門。事實上，正因著歷史顯示出如此眾多的分歧，有些人便會把它解釋為是多元靈性的歷史。然而，將這現象理解為反映出經驗神有各種不同的方式，可能更為正確。

賀姆斯(Urban Holmes)在《基督教靈修學的發展史》(*A History of Christian Spirituality*)中指出，對於基督徒學習經驗神的各種方式，若用兩個兩極對立的秤的理念來理解，可能會獲得最大得益。這兩對對立的兩極分別是：肯定與否定的兩極，和思辯與感性的兩極。[3]首兩個層面是關乎靈性成長的技巧，而後兩個則是關乎此等技巧的首要著眼點。

肯定與否定指與默想有關的兩個經典取向。肯定的靈修觀基於主動運用想像。在這個傳統裏的基督徒，會認同神正面的形象，並運用此等形象來作為默想的工具。舉例說，默想或會以想像基督是一位好牧人的方式來進行。為這形象加添的細節，可能包括祂懷抱著一隻受傷的小羊，或走遍荒山為了尋覓一隻走迷的羊。此外還可能運用其他感官，包括想像山間傳音、高山上的寒意，或捨己的牧羊人要捱饑抵餓等。

神形象的其他方面亦可以在此類型的默想中派上用場，例如神是愛、神是光、神是烈火、神是父、神是母親、神是公義或神是憐憫。在基督教的傳統中，一直被認為與此肯定式靈性觀關係最密切的，包括中世紀的僧侶（如大貴格利〔Gregory the Great〕），十四世紀的神祕主義者（如李察羅利〔Richard Rolle〕和諾域治的茱利安〔Julian of Norwich〕），及十六世紀西班牙的神祕主義者（如伊格那丟〔Ignatius of Loyola〕和大德蘭〔Teresa of Avila〕）。

相對於這種肯定的方式，否定的靈修觀則是以默想的倒空技巧為基礎。否定的方式不再以那些象徵神某方面屬性的形象為默想焦點，反之，卻側重神不是甚麼。神不僅是天父；祂遠超於此。牧人的形象也不足以代表祂的全部。這些及其他所有形象被批評為並不完全，有著對神的本性作出失實陳述的危險。在這否定的傳統中，人把所遇見的神視為奧祕。祂是一位隱藏或無從捉摸的神，儘管祂已向我們啟示自己，但我們始終只能在模糊的意識中與祂相遇。對比於肯定的靈修觀，它相信人可以認識神和與祂建立緊密的關係；否定的靈修觀則警告人要防備太輕易表現得與神熟絡，以為可用言語或象徵來捕捉神的實相，實有著可能會變成偶像崇拜的危險。

否定的靈修觀的目標，是要得著與神聯合的經驗。在這經驗中要發現的是愛而非知識。神不能經由我們的理性去認識，卻能透過我們的愛去發現。屬於這靈修傳統的例子包括東正教、十四世紀的艾哈特（Meister Eckhart），以及同一時期，著有《不知之雲》（*The Cloud of Unknowing*）的一位佚名英國神父。

思辯和感性的天秤是賀姆斯提議的第二個層面，以理解基督徒以不同方式去尋找神及預期在生命中遇見神。靈性思辯取向屬於那些強調思想（或理性）得到光照的傳統；而感情取向則強調內心（或情感）得著光照。

思辯靈修觀強調思想上與神相遇，因此，往往跟理性和命題式的神學拉上關係。在東正教的主流和西方復原派基督教的大多數傳統，都可見到思辯靈修觀。也許，在改革宗（加爾文派）的基督徒身上最能清楚顯示出這種靈修觀，他們肯定神已藉著聖經啟示自己，故此，人透過研讀聖經來認識神便非常重要。在這傳統裏，人基本上不是透過某些非理性或情感化的方式來經驗神。取而代之的是，人是在思想中與神相遇，並且藉著研讀祂的話語——聖經——來認識祂。思辯靈修觀傾向於強調神學，但對於直接經驗神方面，卻總是有點遜色。

感性靈修觀強調在經驗中直接與神相遇。人是在心中而非在頭腦遇見神。有關神的知識，被感性靈修觀批評為不足以取代真正認識和親身經驗神。這種「心靈宗教」

的例子在基督教歷史中隨處可見，由早於四和五世紀的沙漠教父，以至當今在羅馬天主教和復原教中間的新五旬節宗和靈恩派，都可找出它的蹤影。綜觀其各種不同的表達形式，總體而言，感性靈修觀傾向於著重經驗神，但於神學或有系統地透過聖經來反思該有關經驗方面，卻又總有不及。相較於直接經驗神，教義和神學的研究便只屬其次。當它強調神學時，是將焦點放在經驗神的非理性層面上來說。

值得注意的是，賀姆斯這個模式的第二個層面所指出的頭腦與心靈二分，很可能是人為的，甚或是誤導的。當代心理學對情感的理解顯示，情感同時包含認知和感受，因此，情感是同時關乎頭腦和心靈的事情。事實上，上述有關思辯／感情層面的例子，亦證明此事實。東正教並非沒有感情，而加爾文則肯定有一個心靈和頭腦並重的宗教信仰。因此，儘管我們經常嘗試採用此二分法來給宗教經驗分類，但必須緊記這種截然二分的危險。

賀姆斯承認，上述兩個天秤和四個有關經驗神的方式其實是緊密地互相連繫的。單單形容某一天秤的運作而不提及另一個是很困難的。圖二展示了他如何描述它們之間的關係。他認為最理想是在這四種經驗神的方式中取其平衡，達致最圓滿的靈性——以圖正中那個圓圈代表。靈性的問題總是與偏離這平衡的中心有關。這模型顯示了失去平衡將帶來四個特定的危機。過分側重思辯和肯定的靈性，會造成理性主義；過分強調肯定和感情的靈性，會出現敬虔主義；過分偏重否定和感情的靈性，則產生寂靜主義（譯

註：主張人要修德成聖，在於絕對寂靜，逃避外務，與神合一）；最後，過於傾向思辯和否定的靈修，便導致苦行和極端苦修主義。

圖二
經驗神的方式和可能出現的危險

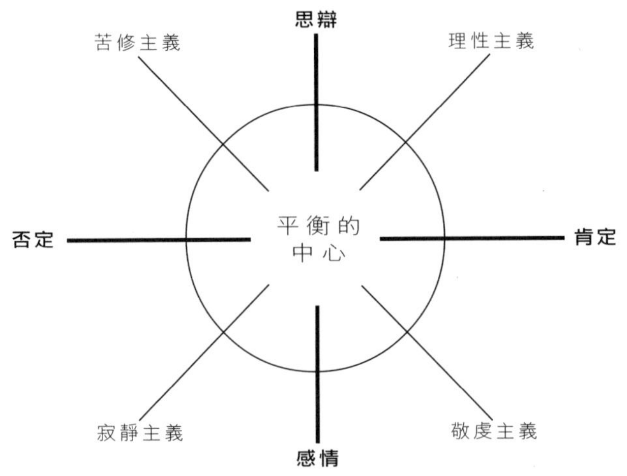

引自：Urban Holmes, *A History of Christian Spirituality* (New York: Seabury, 1980), p.4。

也許，這模型的主要價值不在於有助分析和分類，而是在於讓人明白基督徒靈性的寬廣度。要遇見或經驗基督教的神，顯然不是靠單一的途徑。人性是那麼複雜和千變萬化，而神又是那麼的偉大，不可能只有一種單一或固定的途徑來與祂相遇。

甚麼是基督徒靈性？

儘管基督徒的靈性範圍很廣，同時又與其他的靈性有某些重要的共通點，但它始終有不少屬於自己的特色。基督徒的靈性：

1. 始於回應聖靈對心靈的呼喚
2. 建基於對耶穌的委身和生命的改造
3. 靠恩典媒介來滋養
4. 對耶穌有深入的認識，並且藉著祂認識父神和聖靈
5. 要求人深入認識自己
6. 帶領人逐步實現那個合神心意的獨特自我
7. 在受苦的境況中獨特地成長
8. 會藉著與別人分享神的愛是如何美善，和關心祂所造的萬物來顯示
9. 透過基督徒羣體的頌讚，顯出其美善。

為要對基督教心靈關顧的靈性範疇有更充分的了解，所以，我們會嘗試逐一檢視上述各項。

1. 基督徒的靈性始終回應聖靈對心靈的呼喚。聖奧古斯丁 (St. Augustine) 那句精彩的話，最能歸納出基督徒靈修的本質，他說：「噢，主啊，我的靈魂一直不安，直至它在祢裏面找到安息；因為祢是為祢自己造了我們。」[4] 按著神形象被造的人類，本身是不完全的，除非他們能與那位為了與祂自己親密聯合而創造人類的神建立關係，他們才得以完全。對基督徒來說，這便是人生終極的意義和目標。

聖奧古斯丁所指出的那種不安，我們不一定會經驗到，作為回應聖靈對我們呼喚。有時，我們所經歷的不

安是要追求意義、快樂、成功、真理、完美、名位、實現、團結、降服、歸屬、超越、目標，或發現最深和最真的自我。在另一些時間，我們會更為直接體認這不安是一種認識神或獲得祂寬恕的渴求。但不管我們如何體認這不安，基督徒相信整件事是由神作出主動。那是神的靈在呼喚我們，即使我們認為是自己採取主動。無論那是微聲和溫柔的呼喚，抑或是激情和逼切的呼喚，都是神的靈在呼喚我們，邀請我們向祂轉回，和發現我們真正的本位、目標和身分。

對此等渴求作出靈性回應的第一步，是學習安靜。神教導人「要安靜，要知道我是神」(詩四十六10)，提醒我們要在安靜和寧謐之中，才能分辨出靈性的呼喚。在往後路程跟著的每一步，保持安靜仍是非常重要；但是，倘若我們不肯停下來，聆聽我們心靈深處所發出的信息，這次旅程將永無開始的一天。我們就在這心靈深處遇見神，因為我們正是在這裏分辨出聖靈的呼喚。假若我們不能安靜下來，或耐性不足，我們將無法聽到祂那微弱細小呼聲，我們將繼續作不斷強逼自己工作的奴隸——那往往是阻止我們進入靈性深處的敵人。

我們的靈性渴求經常不是以靈性的本質呈現出來這個事實，對心靈關顧具有重要的意義。那些被視為心理性質類的問題，往往有更深一層的靈性含意。當神的靈呼喚人的靈時，人通常不會一下子便意識到是靈性的呼喚，所以，第一個回應也不會是靈性的回應。但是，當我們經驗到這些渴求，並且開始回應它們，我們便是回應神的靈的呼喚和踏出旅程的第一步，若接受聖靈的引導，結果便會成為基督徒靈性的成長之途。

2. 基督徒的靈性是建基於對耶穌的委身和生命的改造。基督教的靈修觀並非一套哲學、一個宗教立場或一套心理靈性的輔導技巧。它也不是某些可以讓人很輕易套入生命當中，與其他部分妥貼地配合，而毋須改動整個生命的東西。一個在基督裏的生命，必然要作出重大改變。基督徒的靈性是建基於對基督的委身，以及對基督提供並期待追隨者擁有的改造生命所秉持的開放態度。

因此，單用旅程的意象來表述基督徒的靈性並不足夠，還應該用成長、發展和改造的歷程來表述。基督徒的靈性不單是一個狀態；我們最好把它視作一個過程。基督徒的成長歷程有聖靈——耶穌的靈——加力，並且引導人變得更像耶穌。這改造始於悔改和委身於基督，祂要成為我們整個人——包括裏裏外外——的一個主要部分。然後，基督的靈便成了推動我們的靈性作出改變的火車頭，帶動我們裏裏外外的改變。

3. 基督徒的靈性靠恩典媒介來滋養。假如我們繼續用身體成長過程來表徵基督徒的靈性，那麼，供應我們靈性成長的養分就是我們所稱的恩典媒介。我們透過讀經、祈禱、聖禮和信徒相交等獨特的媒介，便可領受到恩典。有一點是我們必須明白的，就是上述的媒介本身是不會自動把神的恩典傳給我們。我們必須憑著信心和感謝的心，才能領受神在當中給予我們的恩典。當我們用這種態度去領受，上述媒介便成為供應神恩典的管道，為我們的靈性成長提供養分，以及為我們的靈程指引前路。

讀經是領受恩典的基本媒介。我們藉著聖經得以領受福音的信息，同時，神亦是藉著聖經首先啟示祂自己，以及讓我們開始看清自己。因此，假若我們要認識神、認識自己和神對我們的旨意，讀經就必不可少。

禱告是以神在聖經向我們啟示自己作為基礎，同時，我們也因著在聖經認識神，便自然地想透過禱告與神相交。禱告不單是向神講話。禱告更基本的目的，是要我們在祂面前調整自己的心，使我們的心與祂的心配合。藉著禱告，神觸動我們的內心深處，我們也在內心深處去感覺神。神的靈在我們心中禱告，也帶領我們禱告。即使是我們對神的回應，也需要有祂的恩典和聖靈加力。

另外兩個領受恩典的媒介是參與聖禮和與信徒相交。除了極少數例子以外，幾乎所有基督教傳統都會有洗禮和聖餐。當我們把這些儀式視為聖禮，它們便被理解為內在恩典和屬靈恩典的外在和可見的標記。這便是說聖禮是恩典的媒介的含意。

最後，相交生活在基督徒靈性中佔著重要位置，它提醒我們基督徒與神的關係並非一份私有財產。基督徒的靈性是一個羣體的靈性，與其他信徒相交是領受神恩典的其中一個媒介。當代基督徒流行「各自修行式靈修」，這並非合乎聖經的基督教靈修觀。活在基督裏就是要活在基督徒羣體中。

4. 基督徒的靈性關乎對耶穌有深入的認識，並且藉著祂認識父神和聖靈。基督徒的靈修不單是掌握有關神的知識，且是認識神。對有關神的觀念瞭如指掌，也不能取代在經驗中直接認識神。基督徒靈修的基礎是在於認識，而非知識。

神既是愛，認識祂就是愛祂，愛祂也就是認識祂。因此，認識神非單是頭腦上的事情。它亦關乎我們的心。這種從心裏認識神的基礎，必然是親身認識神的愛。當我們能親身認識神的愛，便會被祂的屬性所充滿(弗三19)。聖經告訴我們，這種能改變人生命的認識，便是永生的精髓(約十七3)。

要認識神，便要相信神期望人認識祂。神不單沒有隱藏起來，讓我們找不到祂，反而不斷地尋找我們，和向我們說話。基督徒所相信的這位神其中一種最令人驚訝的特性，就是祂親口承認祂渴望認識我們，也期望我們認識祂。

在神願意與人相交的同時，神卻又是無窮的奧祕。沒有任何人像神。尊神為聖，意即表示祂是與人有根本分別的他者。奧祕叫一些人感到不安。他們想要一位能夠局限在某個教義範圍內，很容易掌握的神。然而，這樣一位自製的神卻不能產生神蹟，祂的信徒也無法在生命中經歷到令他們感到驚訝和敬畏的事。

認識神由認識耶穌開始。使徒保羅形容耶穌是「那不能看見之神的像……父喜歡叫一切的豐盛，在他裏面居住」(西一15、19)。耶穌透過祂的所言所行，向我們展示神的真像。大主教拉姆齊(Michael Ramsay)一句經常被人引用的話：「神酷肖基督，在祂裏面完全沒有跟基督不一樣的東西。」這表示任何有關神的觀念，都必須放在耶穌身上作一評檢，看看是否符合耶穌的為人，因為認識耶穌就相當於認識祂的靈和祂的神。

基督徒的靈性關乎人的靈要以神的靈為依歸；不是建基於聖靈的，便不屬於基督徒的靈性。這與聖經使用**靈性**一詞所指的意義相符，是指活在聖靈中或屬於聖靈。心靈不是歸向聖靈的靈性，並非基督徒的靈性。

人只能透過開放、降服以及相信接受，才能認識神。我們不能藉著邏輯思考、分析或查核來認識祂。我們也許可以用邏輯分析來理解有關神的知識，但認識卻超乎知識。這種對神的個人認識，正是基督徒靈性所必需的。神學不足以取代親身經歷神的經驗，正如風聞某人與直接會面是兩回事一樣。

5. 基督徒的靈性要求人深入認識自己。加爾文在其著作《基督教要義》(*Institutes of the Christian Religion*) 卷一第一章一開始，便大膽強調認識神和認識自己關係極其密切。事實上，他甚至進一步堅稱，一個不認識自己的人，不可能真正認識神；一個不認識神的人，也不能真正認識自己。[5]

加爾文這個見解之所以被視為激進，是在於他把認識自己放在基督徒靈性中一個相當重要的位置。在基督徒靈性旅程中，這點一直備受忽略。然而，若人以為自己可以不用真正認識自己而能夠認識神，其後果卻十分可怕。結果是徒有敬虔的外表，但卻與實際內心世界完全不協調。

這種虛偽的面目通常除了當事人之外，其他人均一目了然，而且，當事人還會愈來愈倚賴否定和投射的自我防衛方式，來迴避醒覺。最終，這只會導致當事人更加剛愎自用，內心的現實和外在的表現有愈來愈大的差距。

真正的基督徒靈性非常重視認識自己。靈性和健全的心理是息息相關的。加爾文斷言，我們認識自己到甚麼地步，就相當於認識神到甚麼地步。從心理學而言，這是很合理的。那些害怕深入檢視自己的人，必然同樣害怕深入地和個別地認識神。這些人便會以有關神的觀念來取代直接經歷神。

我們怎樣才能認識自己？首先，我們最終只能藉著與神及其他人的關係來認識自己。我們的被造既是為了與神建立關係，任何在這關係以外找到的自我最終也只是虛假不完全的自我。由於神認識我們，我們只能透過祂向我們顯示，我們才得以發現真正的自我——在基督裏的自我。

透過與神建立關係而認識自己的第一步，就是認識神所認識的我。當神看見我的時候，祂會認為我怎麼樣？這問題的答案會決定我與神的關係餘下的部分。聖經給我們的答案是，我們必須先體會到神總是懷著一顆愛我們的心來看我們。神藉著祂那雙奇妙可畏的手，使我們在母腹中得以成形；祂一直看顧我們，以致連我們有一根頭髮掉下祂也知曉；當我們對祂漠視不理和背棄祂的時候，祂主動尋找我們；甚至當我們還是罪人的時候，祂仍然深深地愛著我們——神藉著這一切向我們保證，祂對我們的愛是無容置疑的。祂愛我們之深切和恆久不渝，非我們所能想像。我們必須以此作為認識自我之基礎。

不過，我們從神的角度來認識自己，亦必然逼使我們承認本身有罪的事實。罪不單是指我們手所作的，罪的本質乃是指我們誤以為自己可以沒有神而像神。我們重蹈人類始祖的覆轍：不順服神，卻希望像神一樣。我們都想獨立自主，掙脱神的掌管和不用完全順服祂的旨意。如此，我們便得以成為自己的神，也企圖成為神，芬尼 (James Finley) 指出：

> 我們絕對禁止發表任何自稱像神的言論，這並非因為它會觸犯神隨己意頒佈的某些律法，卻是因為此舉根本就是一個致命的本體論謊言。我們不是神。我們既不能為自己創始，也不能自己成終。自言是神，簡直是一個自殺式行為，因為它破壞了我們以信心與永活神建立的關係，卻徒然相信那個永遠不存在的自我。[6]

我們若要真正認識自己，便要在自己與別人的關係中體認自我。有些人認識自己的方法，就猶如替洋蔥削皮：他們不是從關係中檢視自己，而是孤零零地把自己逐層剝開，但最終卻不能發現自我，反而把自己完全拆散。自我是由別人贈予我們的一份禮物，並非由我們自己創作而成。當我們試圖抽離自己與別人的關係，從而在孤立的處境下檢視自我時，我們其實是在著手創造一個虛假的自我。要對自己有真正認識，就必須從關係中認識自己。這要求我們與別人建立親密的關係，並懂得反省我們在羣體中的經驗，這些都需要我們對別人有深入的認識。

有關自我的西方心理學，一直以來深受笛卡兒之名言「我思故我在」（'I think, therefore I am.'）的影響。這使自我完全建基於我和我的思考能力（自我反省）。相對而言，非洲的烏布圖屬靈哲學（spiritual philosophy of Ubuntu）卻認為「我是因為我們而成為我；我們是因為我而成為我們」（'I am because we are; we are because I am'），這使自我不再單是建基於自己，它也建基於別人。它的意思是「我是一個人，因為在我周圍有其他人。」後者的看法比笛卡兒的看法更接近基督徒對自我的理解——自我、人格和人性，都是別人給予我們的禮物。我們若從這些重要的他者所建立的親密關係中抽離自己，就不可能有任何有意義的自我成長、自我發現或自我實現。

深入認識自己，亦要求我們真實面對本身人格的陰暗面。當我們真誠面對自我的時候，我們總會看見不少令人不悅和一些甚至是可怕的東西。基督徒的靈性要求我們承認自我有很多不同的面目，並且開放自己，讓神的愛光照它們。神的恩典足以接納它們，再按著祂的心意聚合它們，逐漸把它們編織成為一個新人。

再者，深入認識自己亦要求我們開始一個旅程，就是認識和戒除那些我們慣用的自我欺騙策略。聖經肯定心理學所發現的：「人心比萬物都詭詐」（耶十七9）。人類有非常高超的自我欺騙能力。我們騙人的能力早已眾所周知，但對比於我們欺騙自己的能力，卻仍然望塵莫及。兒科醫生怎可能在工作中經常對兒童作出性侵犯行為，卻仍然可以毫無愧疚地繼續執業和冠冕堂皇地大談專業道德？又或是教會的司庫怎能竊取會眾的奉獻？電視佈道家又如此容易和慣性地觸犯自己最常斥責的罪行？

我們那些令別人感到震驚的弱點，往往是我們自己所忽略的，又或是當我們面對自己的時候，它們或顯得毫不打緊。只要我們誠實，我們便必會承認我們慣常地向自己撒謊和扭曲真理，以致將現實改造成一個我們感到較易接受的形式。無論是藉著合理化解釋(為自己的行為製造合理的藉口，卻隱藏了真正的理由)、抑壓或否認(拒絕去接受自己某些負面的東西)，或是投射(把自己不願意承認自己擁有的動機或感受，推說是別人的動機或感受)，我們總要努力欺騙自己。了解自己用甚麼典型方式來欺騙自己，是認識自己的重要的一環。它顯然亦是我們離開幻象的黑暗，活在真理的光明中之第一步。

最後，惟有我們親身經歷、而不是逃避黑暗、苦難和掙扎，我們才能真正認識自己。我們迴避痛苦，就等於迴避去認識自己。同樣地，假如我們選擇逃避本身的焦慮、壓力和沮喪，而不是進入這些感受之中，在當中與神角力，我們將永遠無法真正和深入地認識自己。心靈的呼聲是逃避面對自己的癥兆。學習細心聆聽它們，同時留意自己的夢和對人對事的反應模式，都是傾聽我們心靈低訴的重要途徑。要是我們不願意學習聆聽由我們內心世界最隱密處所發出的信息，我們將不可能深入認識自己。

不過，我們必須緊記，認識自己只是基督徒靈性中的一個成長途徑，而非目的。認識自己的目的，是為了改造自我。這種改造是沒有捷徑可以一蹴即至的。總的而言，這是終身矢志於忠誠面對自己、不斷自我省察、禱告和成長的結果。這是真正認識自己和驅使自我不斷成長的惟一途徑，同時，這亦是所有靈修學試圖將宗教生活與我們存有的其餘部分整合起來的重要一環。

6. 基督徒的靈性帶領人逐步實現那個合神心意的獨特自我。基督徒靈性的目標，與那些引導人步向天人合一的靈性有根本的分別。後者最終造成失去自我。與此形成強烈對比的，是基督教呼召人發現和實現真正的自我——即那個我們只有在基督裏才找到的自我。

基督徒相信神造我們作獨特的人，而神呼召我們在基督裏做回自己。問題是在於如何發現真正的自我。神讓我們自由選擇做一個真實或是虛假的人。祂任由我們為自己選擇自我，但任何抉擇都無法避免其後果。梅頓（Thomas Merton）指出：「倘若我們向自己和別人撒謊，那麼；當我們忽然想要尋找真理和現實時，就不能期望可以找到。假如我們選擇虛謊之路，那麼，當我們最終發現自己需要真理時，便不應為真理棄我們不顧而感到奇怪。」[7]

有些時候，有人會以否定自我來形容基督教靈修的目標。正確來說，基督徒靈性中要否定的不是自我，而是虛假的自我。虛假的自我是我們為了能獨立自主，不再倚靠神，離棄祂的愛和超越祂的旨意而製造的，這個虛假的自我不但自我中心，更隨己意而行。因此，這個虛假的自我最終只是幻象，但這幻象卻阻礙了我們心理靈性的正常能力。把我們那虛假的自我釘死在十字架上，就等於不再嘗試作自己命運的主人、不再為自己的生命掌舵。我們要降服於神的愛和祂對我們的旨意之下。

基督徒的呼召就是與神一起同工，創造真正的自我。這件工作最令人感刺激的是，我們不可能預早知道將來的結果。我們的真我隱藏在基督裏。不過，我們確知的是，這個在基督裏的真我會提升我們的獨特地位、實現我們的人性和滿足我們對自己身分的尋索。

范甘用了極其優美的言辭來陳述信徒要學像基督的呼召，就是要他們找回其獨特身分的呼召。他指出：

> 各人均是蒙召成為他自己，但同時亦要與神合而為一。我要成為神旨意中那個獨特的人。我愈是變得符合造物主原初呼召我成為的那個人，我就愈能與造我的神結連。這種結連加深了我的獨特性。我就是神從亙古以前按其旨意造出的一個獨特的人。祂就是要把我造成這個人而並非其他人。[8]

我在基督裏的生命將會是原創的生命，是絕對獨一無二的。這生命會依據神早已賦予我的特質——包括我的秉性、個人風格和性格——被造成。而且，我還會按照祂從亙古以前為我設計的，以我本身的獨有方式來反映祂的形象。

然而，還有一點必須注意，就是我在基督裏的真我會充份發揮我的人性。基督教的靈修並非要求人捨棄人性，或用人性換取神性。它不會使我們變得少了一點人性，恰恰相反的，它叫我們更多了一點人性。隨著我們努力要更加像神，就很容易陷入忽略本身人性的危險。不接納人性的限制，努力要像神一樣，正是人類始祖在伊甸園所犯的罪。神並沒有吩咐我們要成為神。反之，祂幫助我們要作完全的人。

最後，我們要留意，發現和實現在基督裏的真我，將能滿足我們對自己身分和使命的尋索。聯合國前任祕書長韓瑪紹 (Dag Hammarskjöld) 曾對這事有如下的描述：

> 肉體與靈魂包含千百種的可能性，你可以建立無數的**我**。然而，只有一個**我**，是選擇者與被選者最完美的結合。你永遠也不能找到這個獨一的**我**，除非你排除了人的存在和行為上各種表面和短暫的可能性；那出於好奇、驚訝、貪婪而不太認真的表現或行徑，不僅阻撓了你體驗生存的奧祕，也阻攔了你覺察托付給你的才華——而那就是你的我了。[9]

7. 基督徒的靈性在受苦的境況中會獨特地成長。基督教信仰並沒有應許賜人健康、財富和生活順境。信仰所應許的比這些更加實在。神沒有應許為我們清除一切麻煩，但祂卻應許無論我們在苦難或福樂中，祂都與我們同在。因此，基督教的靈修不是只擁抱成功，它亦接受受苦。事實證明，受苦和掙扎的經歷往往帶來了靈性成長的獨特契機。

我們藉著洗禮與基督認同，藉著宣認信仰表明自己作基督的門徒。但是，這位基督究竟是誰？我們要效法的是誰人的生命？使徒信經提醒我們，祂受苦、受死、被埋葬、降到陰間，和第三天復活。因此，我們藉著洗禮所認同的生命，是受苦、受死、下到陰間和復活的生命。我們應預期自己所遇到的神，基本上是那位以受苦僕人的身分來到我們中間，活在困苦而非成功當中的神。

在基督的十字架前，我們面對一位神，那是被稱為「破碎者」的神——痛苦、窮乏、被羞辱和遭離棄。利凡(Christopher Levan)曾經提出一個問題：「我們能否相信一位神，祂因為深愛世人，竟用親歷其苦的方式來作為啟示自己和拯救行動的第一步？」[10]倘若我們對十字架的啟示有正確的理解，我們將明白基督是在苦難之中——我們自己和別人的苦難中——啟示祂自己。馬丁路德強調，要真正認識神，第一步必須認識神正在世界中受苦。惟有當我們與那些承受痛苦、屈辱、饑餓和窮乏的人認同，透過他們的經歷看這個世界，我們才能真正認識那位親身來到世界，親嚐人類痛苦的神。

坦然面對苦難其實就是坦然面對生命。苦難是人生無可避免的一部分，我們若要坦然面對生命種種，就必然要同時面對苦難。倘若我們逃避本身或別人的痛苦，我們將永遠無法真正地對平安和喜樂有深入的認識。坦然面對生命意味著以願意而非執意的態度來生活。以願意的態度生活包括向一個比自己更大的實體降服，和放棄人可以實際掌管生命的念頭。這表示放棄獨立。相對而言，執意表示為了掌握自己的命運和操控現實，故意要自己與最深層的現實保持距離。基督正是以願意的態度去過活的典範。基督徒的信仰邀請我們追隨祂的人生態度：「不要成就我的意思，只要成就祢的意思。」

8. 基督徒的靈性會藉著與別人分享神的愛是如何美善，和關心祂所造的萬物來顯示。基督徒的靈性並非一個私人的宗教經驗，卻是參與神對萬物的救贖計劃之中。因此，愛神和愛人，並關心神所創造的萬物，便成為基督徒靈性的標記。

甘堡(Alistair Campbell)認為，正確理解基督徒使命，就是：

> 一種對恩典的回應，它帶領我們回到自己的地方，滿心喜樂地關心其他人。凡是從前被擄而如今獲釋(被救贖)、從前關係疏離而如今關係密切(得以復和)，和從前活在破碎的世界而如今已修補完全(得蒙拯救)的人，都會有這種回應。人透過這種回應重新發現萬物的美善，因此便基於神的恩賜和感恩之心，重獲新使命感。[11]

基督徒的靈性驅使我們進入世界。我們再不能對世界的苦難和不公義坐視不理。在生命中深深經歷過神的信徒，不會只懂得祈禱和敬拜，他們會關心窮人和受剝削者，尋求方法糾正或掃除社會的罪惡。他們之所以這樣做，完全是出於回應神的愛，絕非基於教條主義式的責任。

神吩咐我們賙濟窮人和愛那些不可愛的人，並非純粹因為他們沒有我們那麼幸運。基督徒行善的動機絕不是為了顯示自己的優越感或可憐別人。十字架的神學才是基督徒行善的依據——正如我們剛才指出，神畢竟總是特別與受苦的人同在。基督徒的善行，就是給一位口渴的弟兄一杯涼水，這行動彷彿是知道基督口渴，得著我這杯涼水的人正是基督。

基督徒的靈性亦藉著關懷神創造的萬物顯明出來。有關如何才能最適當回應全球污染、生物種類不斷遞減、人口爆炸和資源短缺等危機，全都是屬靈的問題。基督徒的靈性要求信徒參與神國的計劃，使萬物一同復和。這要求包括要從公義、和平及管家等觀念中萌生一套生態環境倫理觀。它應該朝聖經為平安所定的標準發展，那就是要追求和平與完好。這標準要同時用在自然世界和人倫關係上。

9. 基督徒的靈性透過基督徒羣體的頌讚，顯出其美善。成熟的基督徒靈性，是離不開頌讚和羣體的。基督徒的靈性不單只驅使我們從聖壇步向世界，它同樣引領我們從自我分隔進到參與基督徒羣體。不能與信仰羣體建立關係的信徒，就不能在靈性上邁向完全。教會保護和肯定靈性成長，靈性成長是教會培育和頌讚不可或缺的部分。羣體敬拜對於心靈關顧可發揮深遠的影響力。

總的而言，基督徒的靈性顯然關係生命的全部，同時又影響生活的全部。正如威拉德（Dallas Willard）指出，「靈性之於人類並不是一種外加或『高超』的生存模式……

〔它不是〕另一個世界的隱密支流，亦不是與我們的肉體並存並行卻無接觸點的另類生命。」[12]對人性來說，靈性的重要性一如軀體，都是人與生俱來的。我們是由塵土和神的氣息造成的，我們不可拋棄其一。我們的靈性不可以脫離人生的任何一方面；它融入和滲透我們存在的每一方面。我們的工作、遊戲、性生活、禱告、情緒、愛好和敵對行為，都是靈性生活的一部分；我們與神之間的關係，容讓我們找到自己真正的身分、意義和生命。

我們的靈性顯然正正位於心理的核心處，我們一般將之歸類為自己的心理機能。要是靈性乃回應我們對意義、身分、關係和歸屬的深層基本渴求，我們的心理機能哪一個部分能免除這樣的一個追尋？正如我們將會在下一章看得更清楚，靈性和心理是那麼的混然成一，把它們截然二分根本就是毫無意義。

基督徒靈性的建立，往往會過於忽略人存在的心理和生理層面。從那而來的靈性只會是病態和帶有破壞力的靈性。我們的靈性是我們整個自我與神的關係。要是任何東西被摒於靈性以外，它就自必然會成為一個與自我割裂的部分，與我們生命其餘部分分開。不管這是我們的身體、潛意識、情緒、理智、性，或自身的任何其他部分，結果都會是一樣——只會做成人格的割裂和分隔的靈性。基督徒的靈性可以使我們變得更加完全，但假如它只是局限在我們生命中的某幾個層面，它卻可以使我們進一步割裂。基督的靈推動和導引我們稱之為基督徒靈性的種種經驗，只有叫人更趨完全的基督徒靈性才配得與基督的靈聯合。

6

心靈關顧的心理靈性焦點

我們先前已經指出，儘管心靈關顧涉及全人關懷，但仍以滋養人內在的心理靈性生活為關懷的焦點。那些關懷心靈的人沒有忽略人的內在生命是活在外在世界之中，又被這外在世界所影響，所以他們以內在世界的心理靈性渴求、需要和問題為首要的關懷焦點。他們嘗試從人的內心深處入手，扶立人的成長，令全人得以健康和完好地存活。從人格的心理靈性核心開始發展出來的健康和美好狀態，將影響整個人；一如這核心的病態，若不加理會，將為整個人的各部分製造種種問題。

人格的心理靈性動力

正如我們在上一章的結論中指出，我們的靈性位於我們心理的核心處，我們一般將之歸類為自己的心理機能。任何靈性——即使是我們那獨特的基督徒靈性——也不會藉一些新增或外加的人格，藉此來與神建立關係或生命所確立的意義。我們為了滿足心靈對有所歸依和關係建立的深切渴求而作出的回應，就是靈性的回應，姑勿論這回應表面上有沒有包含宗教元素。不管我們與神建立一種怎樣的關係，或發掘一套怎樣的意義和依歸的立場，那都涉及我們整個人。此外，我們與神的關係，跟我們與別人建立關係，乃是牽涉同一種心理過程和機制的。

心理靈性這個詞彙，乃表明人的內在世界根本就沒有分成心理和靈性兩個部分。人的內在人格正是由心理靈性構成。內在人格的問題不會單純是心理或靈性問題，它們全都是心理靈性問題。人的心理和靈性發揮著相同功能。因此，將靈性與心理分開純屬人為的構思，而且只會破壞我們對人的真正認識。

故此，我們要明白，當我們談到靈性的時候，是指心理靈性動力中的靈性面向——正是斷章取義的心理論述和分析常常忽略的向度。同樣地，當我們談到心理的時候，我們又必須明白所指的乃是同一個心理靈性動力中的心理面向——這又是斷章取義的靈性論述同樣忽略的向度。

任何一套心理學若想了解人的狀況，就必須探求這心理靈性動力的整個範疇。同樣地，任何一套神學若想切合人的狀況，就必須明瞭基督徒的靈性生命如何深入地連繫於此心理靈性動力的整個範疇之上。心理和靈性的分門別類純屬人為的發明，而且是相當新近的發明。它們扭曲了聖經的全人觀，那是我們在第三章曾經檢視過的。聖經的人觀基本上是肯定人乃一個整全的個體，我們不是由割裂或各自獨立的部分組成，不管所指的是身體和靈魂二分，還是魂和靈二分。

凡是想深入和全面關心別人的，都必須設法拋棄他們將人的心理和靈性二分的錯誤想法。他們亦必須學習去認清和了解心理靈性動力，分辨它所呈現的是健康還是病態狀態。最重要的，是他們必須學習分辨那些看來純屬心理問題的靈性面向，以及那些看來純屬靈性問題的心理面向。那些所謂的「靈性」需要和問題，可能會藉著心理的癥狀和機制中顯示出來；而那些所謂「心理」需求和問題，也可能會藉著較傾向靈性的事情顯示出來。要是心靈關顧的對話焦點放在人內在的心理靈性世界，那麼，關懷者就必須了解這內在世界的運作。

學習分辨心理中的靈性

上一章對靈性的闡釋，顯示每個人都會以某種形式經歷到靈性的渴求。若他們並不意識到自己所經歷的乃是與神有關，他們通常便以為那是心理需要。但是，只要我們細察這些需要，就不難識別到其核心根本就是靈性的追求。體認到這個靈性的核心，使我們不單對應他們的心理需求，更對應他們靈性上的需求。

身分的尋索

我們往往認為，身分的尋索只屬於青少年期的現象。然而，儘管我們的確在青少年期首先經驗到身分危機的問題，但兒童亦會浮現身分的問題，許多成年人在往後的人生也不斷會在這些問題上掙扎。

若是在兒童期，身分尋索的最典型方式，就是追問「我長大之後將會變成怎樣」。進入青少年期，尋索的焦點則會由將來轉移到現在。人生到了這階段，問題通常是「我是誰」，甚或是「真我存在嗎」。這些問題所帶有的焦慮，令我們慣常把焦慮與青少年的身分危機相提並論。可是，經過往後的幾年，這些問題的逼切性便漸次回落。我們會找到某種形式的身分，在開始步入成年期之前，我們將會忙於應付工作、前途和人際關係，有時更包括婚姻。我們的注意力完全放在這些事情上，以致身分的問題需暫時退讓。生活的客觀狀況暫時解答了身分的問題。如今我們以本身的角色來為自己的身分定位：我就是我的工作、我的婚姻狀況，或最可能的，是我的經濟地位。

人到中年，對於先前我們用以回應內心靈性問題的答案，我們往往發覺有調整的必要。身分再一次成為問題。投資了十五年時間在兒女或某項職業之後，許多人開始會反問究竟生命是否屬於自己。他們會想，若然自己沒有結婚，或投身另一份職業，又或是搬到另一個地區居住，他們會否跟現在有所分別？這些渴求，正是身分尋索的渴求。問題又再一次出現：「我是誰？我是否任由人生的際遇來決定我的身分，抑或還有其他屬於我的東西？我能否改變人生的際遇，將之套入自己認為我應該是誰的身分？改變生命的外在因素會否是發現真我的一個途徑之一？」這些都是靈性的問題和身分的尋索，無論這些問題是在人生哪個階段出現，它們都是反映人對靈性的探求。

身分的尋索與意義的追求是息息相關的，後者更明顯是一個靈性的探求。事實上，弗蘭克爾（Victor Frankl）指出，尋求意義和目的，乃探求靈性的最基本表現。[1]「我是誰」這個問題，只有在一套人生哲學中尋求答案，才能得到圓滿解答。那麼生存才有方向，這正是穩定身分的最根本的需要。當一個四十五歲的商人反問自己，他除了藉著生意賦予自己獨有身分之外，還有沒有別的方式活他的人生時，那他便是在思考有關人生意義的問題——更特別是他個人人生意義的問題。同樣地，當一個少年人問「我是誰」，他也是在質疑其個人生命的意義和人生的目的。「我是誰」這個問題，總是離不開「為何有我」這個更根本的問題。

身分的尋索亦是尋求自身歸宿的一種表現。「我是誰」這問題乃是用另一種形式去問：「哪裏是適合我的地方？我該歸屬何處？」只要我們留意自己生命出現焦躁不安的模式，便很可能會察覺到，我們真正想要尋找的，是一個安身立命之所。有些人每隔幾年就會轉換工作，另一些人則不停轉換教會，搬家，換配偶，或改變生活方式。也有一些人不會改變自己的外在環境，但卻總是有天下之大，卻無處容身之感。他們可能覺得自己一手經營的地方，實際上不屬於自己，然而，對於如何找到真正的歸宿，他們卻又感到茫無頭緒。

我們已經忘記自己是誰和歸屬何處，而且，在大部分時間，我們更根本忘了自己遺忘了這兩回事。可是，我們的焦躁不安卻顯露了內心深處的追尋。我們需要自覺有所歸屬。我們每一個人都在尋找歸宿，而這種尋找正是靈性探求的最核心部分。樂園已經失落；我們對它僅有殘餘的記憶。我們渴望回去，可惜卻無法記起要走哪條路。

身分的尋索有另一個層面顯示其根本靈性探求的本質，那就是對價值的追尋。當人問「我是誰」，他其實就是追問：「我抱有甚麼信念？甚麼是我的價值所在？我應該以此為我的價值嗎？」價值是屬於個人的。我的價值界定了我是誰，亦成了我衡量本身身分的準則。只有道德哲學家才會用抽象的理念來討論價值。一般人通常視價值觀為自我的一部分。然而，價值就像意義一樣，它顯然會將我們帶進靈性的範疇。價值的問題要求我們為人生建立一個整體的架構，一套全面的人生哲學。我是否重視誠實高過私利，以及我會堅持這價值到甚麼地步，全在乎我要如何給自己和別人解答有關終極美善本質的問題。

因此，我們發覺不少人是透過尋索身分，以及與此相關的重要途徑，如尋求意義、歸宿和個人價值等，來經歷本身對靈性的探求。他們雖然並不察覺這方面的尋索便是靈性探索的一部分，但是，他們所採納的答案和出路卻會模造他們的心靈。因此，身分的尋索便是一種靈性的追尋。由於它亦會對人格的結構造成影響，所以視之為一種心理上的追尋也同樣適當。然而，這種對身分、意義、歸宿和價值的探求確實地影響人格發展的方向，從而觀之，便清楚反映出這些探求的靈性本質了。

關係的尋索

關係的需求是人類其中一種最深切的渴求。無人理睬碰觸的嬰兒，即使他有正常的飲食也會很快夭折。身邊的人整天都從內心呼喊著友誼，即使是被孤寂所囚禁的成年人，最終也會拆毀那道自我孤立的圍牆。縱使有些人似乎沒有與任何人建立親密或個人的關係，但他們仍能悠然自得，但其實，我們每一個人都渴求著與別人建立深入而有意義的關係。

若然在與人建立親密和個人關係上未能如意，我們對建立關係的渴求，便會轉移到物件方面。我們可能對財產形成依賴。金錢、物業、衣服、汽車和其他許多東西，都可以成為我們依附的對象。無論用哪一種方式，我們似乎總是需要與自身以外某人或某些東西建立關係。我們彷彿在心底裏承認，我們本身是不完全的。自我需要自身以外的人和物來使之完全。

有時，科技在人與物之間構成了一道有趣的橋樑。尤其是男性，基本上總喜歡依附機械或科技產品，然後便經常以它們作為橋樑，與其他有同樣興趣的男性建立關係。人與人之間大多數是環繞著共同的興趣彼此交往——首先是與某物件建立關係，再通過它們與人建立關係。

在這方面，電腦往往成了一道特別令人著迷的橋樑。許多人每週花在個人電腦的時間，超過他們一生與身邊所有人接觸的時間的總和。電腦雖然看似一個處理工作的簡單工具，但這只是事情的一半。只要細心觀察，我們就不得不承認這些人根本就是用與朋友相處的方式來對待自己的電腦。有趣的是，電腦同時又容讓人透過它來與別人建立關係。網絡友誼甚至網絡戀愛，在今天已是見怪不怪的事情。對某些人來說，虛擬性愛已逐漸取代了真正的性愛。科技不單只提供了「物我」的關係，同時更透過它製造人際關係。科技製造的人際關係由於沒有那麼個人化，往往比較安全。但無論如何，它確實提供了另一種途徑來建立人際關係。

這種建立關係的渴望，究竟是心理抑或靈性的需求？顯然兩者皆是。基督徒強調我們是按著一位渴望與人建立關係的神之形象被造。我們的自身並不完全，我們對建立關係的渴慕，便是對靈性渴求的其中一種表現。我們需要與其他人建立關係；我們需要與環繞我們的世界結連。渴望建立關係就是靈性的根本。

尋求快樂

尋求快樂本身是一件充滿矛盾的事情。當人愈是以追求快樂為做人目標，他就似乎愈找不到快樂；但是，當人努力追求其他目標，快樂卻會自然送上。以追求快樂作為人生首要目標，結果似乎總是不戰而敗。當我們把尋求快樂這回事拋諸腦後，致力追求其他東西，我們卻反而更有可能得著快樂。

另一點也頗為矛盾的，是那些不斷渴求快樂的人往往比那些感到自足的人，有更多被潛藏的靈性渴求觸動的機會。那些不斷追尋快樂的人，會對發自心靈最深處的靈性需求——實現的渴求——保持敏鋭的觸覺。而另一方面，那些自覺已找到快樂和對生活感到滿意的人，通常不會有那麼強烈的靈性渴求。滿意會衍生自足，而自足便正是靈性之旅的敵人。

大多數人都很容易認同尋求快樂乃他的做人目標。我們似乎很確定甚麼能帶給自己快樂，而且，總認為尋求快樂乃人的基本權利。我們亦好像當然知道自己甚麼時候沒有得著快樂。在那些時刻，我們感到命運對我們不公平，我們會向上天振臂高呼，要求命運不要再虧待我們。這顯示我們多以人生的境況作釐定快樂的準則。我們認為，只要我們的癌症得以痊癒，只要我們有錢，只要我們獲得一個心上人或換轉另一個人做配偶，或只要我們的兒女聽教聽話，我們就會快樂。

我們從外在因素來尋找快樂的根源，正是我們難以抓緊快樂的原因。癌症治愈之後，將來又可能發現患上心臟病。入息倍增之後，仍會感到不滿足，那時我們才發現自己低估了能叫自己快樂的金額。離婚和再婚之後，往往發現自己竟面對相同的問題和不滿。把注意力完全放在外在因素，正是某些人一放大假便感到抑鬱的原因。他們每天都告訴自己，自己是因為工作不如意、天氣寒冷或上司討厭才感到不快樂，直到他們在陽光海灘的渡假樂園享受大假，才赫然發現自己竟還是悶悶不樂。

尋求快樂乃一種靈性的追求。這是每一個人心中的渴望——渴求生命的圓滿和人格的完全。人與生俱來就在心靈深處渴求生活在一個更高的境界裏。這是一個要求我們要超越自我和靈性降服的呼召。人從來不可能在外物之中尋獲快樂。歸根結柢，快樂的渴求呼喚人去尋找深蘊在生命中的喜樂——那是當人尋獲自己的歸宿、人生目標和在與神的關係中肯定本身身分後所得著的喜樂。

尋求成功

尋求快樂與追求成功是關係緊密的。對許多人來說，兩個甚至是同義詞。對於這些人，兩者都是難以抓緊的東西。

我們可以用許多不同方法來界定成功。毫無疑問，最常用的方式就是把它與經濟地位掛鈎。姑勿論用哪一個起點作為指標，只要今天的我比昨日的我更富有，那就是成功。另一個人可能以社會或專業地位來界定成功。也有人以權力的角度來釐定成功的標準。然而，任何一套準則背後都是一個比較，就是與我們心目中的成功人士比較。但請留意，我們選擇比較的對象，大多是高過而非低過自己。這意味著我們會拿自己與某位我們認為比自己更成功的人來比較。故此，我若要成功，至少就非要像他或她那樣成功不可(通常是要求自己比那人更為成功)。如此界定的成功，肯定叫人難以捉摸得無望達成。我所真正經歷到的，可能是與另一個人競逐，而不是要達致一些個人目標或標準。這種競逐通常是由憤怒或怨恨在背後推動的，然而，這些情緒卻又不能靠達致目標來完全平息。

當我們用成就或物質來作為釐定成功的準則，這就好像追求快樂一樣，成了一個虛幻的目標。然而，正因為它可以有多種不同的界定準則，便正好作為靈性追尋的上佳屏障。為了不想經驗到超越或降服自我的呼喚；我便為自己設定一個地方，以身外之物作為追求的方向。然而，這地方卻太接近我身處之所，我將不可能在那裏找到我的真正身分，亦不能在那裏終止自己的搜尋。

追求成功在本質上並不壞，只是方向出了錯誤而矣。追求成功就正如人類其他一切奮鬥的目標和慾求一樣，反映出人內心的基本渴求，這渴求本質是良好的，可惜卻被扭曲了。我們可以將追求成功理解為要盡展所能的靈性渴求。然而，當這種渴求變成以爭取成就，而不是以提升生命或品格的素質為目標時，它就只會成為虛幻的靈性取向，最終一定不會得到滿足。

尋求完美

雖然我們從來沒有人經歷過任何絕對完美、純潔或正確的東西，但我們每個人卻似乎有些概念，認為有絕對完美、純潔和正確的狀態存在。我們內在那個完美的形象推動我們追求完美。因此，追求完美便是驅動人有崇高表現的最重要力量。可是，它卻經常與我們生命中所遺留的不完美發生磨擦，使我們陷入極大的痛苦中。

完美主義通常不被心理學家視為一種美德。至少在我們這些專業人士的專業眼光中，也會覺得完美主義者的性格往往是比較死板和嚴苛的，他們對完美的渴求反而扼殺了他們的創意和耗盡他們的精力。這些人不斷強逼自己追趕一個又一個的標準，縱使他們可能因著本身的天分和機緣而有能力達成，卻又往往因著本身的嚴厲性格而功虧一簣。心理學家傾向從一個心理動力的取向來分析這類人，認為他們不斷被內心所建立的父母嚴厲形象所威嚇——他們至少是在童年時代深深經歷過來自父母的尖刻批評，無止境的要求和永遠的不滿。這些人通常會因為自己不切實際的完美渴求，帶來重重困擾和灰心失望，繼而尋求專業的協助。因此，我們很容易理解從事精神健康的專業人員，他們為何會傾向認為追求完美幾乎肯定是神經官能病(neurosis)的一種徵兆。

無疑，有些人的完美主義則較為溫和。相比之下，這種傾向不單只別人較易適應，而且甚至是一種美德。追求完美的人所嚮往的，是卓越的水準，他們不滿足於馬虎做事或未盡全力。他們會盡最大的努力，不斷改進自己和自己的表現，務求結果能達致他們所定的水平。

完美主義者就像理想主義者，他們所擁有的那種特質，正好顯出在人潛意識中的某個幽暗角落，對失去的樂園隱約有一個記憶。也許，藉著隱藏在集體潛意識之中的樂園原型，我們似乎喚起對樂園中的價值理念和生命無窮的可能性的記憶，我們便渴望著回到樂園。從這個角度去理解人對完美的渴慕，它便是人一種基本和良善的渴求。然而，除非我們是在恩典之中追求完美——除了獲得從恩典而來的力量之外，我們的失敗也能獲得恩典的接納和寬恕——否則，將充滿挫敗。離開了恩典，我們的能力肯定無法達致我們的理想，而我們亦永遠陷入一種挫敗和一事無成的感覺中。

因此，追求完美也是一種靈性的追求。它是追求完全。它不單要求毫無瑕疵，也反映出一種對理想的渴求，那就是完全的正確、美好和純潔。雖然我們很容易認為追求完美是無知的人的一種天真想法，可是，失去所有理想和不存在任何追求完美心態的人，卻是值得可憐的。對完美的渴求雖然不住提醒我們自己的失敗和限制，但沒有這些提醒，我們便更容易遺忘了那個雖然失去，卻還是值得我們渴慕的樂園。

尋求真理和公義

活在這個時代的人，有不少變得憤世嫉俗，認為追求真理或公義乃天真的行為。他們會告訴我們：世上沒有終極真理，真理是由人自創的，我們相信甚麼是真理，它就變成真理。同樣地，公義被視為一個「烏托邦」的理想觀念。他們認為自私是人的天性，除非權力得到完全的均分，才有可能出現公義，但任何一個人也知道，這事根本不可能發生。然而，對於許多仍沒有屈服於這個相對和絕望的信念的人來說，真理和公義卻是非常真實的。

許多還未失卻理想的年青人仍然會繼續尋求真理。請留意那些苦心鑽研哲學和宗教的經典著作，為求探索人生是甚麼的大學生，他們心中充滿了探求真理的熱情。或是，請留意美國成千上萬的年青人對宗教表現得如何狂熱。他們不論男女都會對其宗教領袖的要求一呼百應，完全無視這些要求是否能通過理性思考；究其原因，完全因為他們深信他傳講的便是真理，和對他的理想抱有烏托邦式的盼望。在這追求真理的期望和熱情背後，正是人對靈性的渴求。

然而，追求真理不單是年青人的專利。請留意那些日以繼夜苦心探究的科學家，他們不單把研究視為工作，更視之為揭開宇宙奧祕，以致讓自己更接近真理的一種個人努力。又或是留意那些耐心地從扭曲的記憶和觀念中篩選事實的心理治療師，他們也是在尋索真理——有可能使病人得著解脫的真理。或者，留意接受心理治療的病人。他那尋求真理的形式，可能是要為著個人的經歷尋求意義，和透察生命充滿的虛假和混亂。無論它以甚麼形式出現，追求真理都是一種靈性的渴求。

同樣地，尋求公義也是一種靈性的尋索。留意那些第一次接觸馬克思主義的學生是如何興奮，因為他們得著盼望和異象，以糾正他們恨之入骨的社會弊病。又留意那些政治家、提供社會保障服務的行政人員或在城市中心工作的社會工作者，他們每天工作，背後的原動力正是在他們的職責範圍內，將公義帶給應得的人的盼望。公義的盼望和相信事情應該及可以更好的信念，是對失樂園的一個隱約記憶再一次被喚起。它反映了人對靈性的基本渴求。

從這個角度來看，受壓逼者的呼喊，便是靈性的呼喊，不論他本人是否這樣想。他們所渴求的，是有一位拯救者能拯救他們脫離困境和施行公平的管治。享受著安舒生活的西方中產基督徒，對於舊約竟有那麼多呼求公義的詩篇，往往感到大惑不解。也許，我們有時發覺自己竟然逃避公義，擔心自己在一個真正公義的管治下可能利益受損。然而，被壓逼的詩人——以及今天世上數以億計的受壓逼者——都在呼求公義，認定自己惟一的盼望，在於要有一位明白現今處境的不公平和決心帶來公義的公正大法官。尋求公義正是對神國度的渴求——那國度會因著神公義的管治而有真正的平安。

對美的追求

在電影《莫扎特傳》(*Amadeus*) 中，薩利埃里 (Saliei) 痛苦地向神呼求，因為他深深體會到自己的音樂天分，遠不及他對音樂的熱愛。當他在莫扎特的演奏會中聽到美妙絕倫的音樂，或是看到莫扎特演奏所得的評分，都會感動得流淚。這亦驅使他出席每一場莫扎特的演奏會——對他來說，這是一件非常痛苦的事，因為他面對的這位競爭對手，比他更年輕，卻更有音樂才華。這種對音樂的熱愛，乃是薩利埃里的靈性追求的一種表達，當中反映他對自我超越的渴求。可惜，妒忌不單不能挑旺他的屬靈火餤，而且，還因著他體認到他對美的強烈嚮往，與本身的平庸天分有著不可彌補的差距，到了最後，他離棄了神，也對莫扎特表現出公然的仇恨，他的靈性火餤便完全熄滅了。

對美的嚮往乃是一種靈性的體驗。試回想你欣賞完某齣偉大歌劇的精湛演出，或某位名家神乎其技的演奏後，所出現的激動情緒。又或是欣賞完某個精彩畫展之後的興奮心情。對於那些懂得欣賞這種美的表達的人來說，這些體驗是那麼振奮人心，甚至可能成為影響生命的深刻經驗。它們將提升我們超越自己。

要是欣賞別人所創作的美是屬靈經驗，那麼，親手創作這種美的屬靈經驗又要高出多少倍呢？西嘉斯（Dorothy Sayers）在《造物主的心思》（*The Mind of the Maker*）一書中指出，人的創意顯出我們是按照神形象被造的事實。[2] 她認為，當我們發掘和展現我們的創意，就是在參與神的創造計劃。神從無有造出萬物；我們從神所造的萬物中取材，再經過匠心獨運重新製作，以致能創作和享受美。

馬思勞（Abraham Maslow）指出對美的追求乃人類的基本需求之一，而對美感的欣賞亦是自我實現的一個必需元素。[3]他把人類對美感的欣賞界定為一個較高層次的需求，認為人除非滿足了較低層次的需求(例如安全感的需求)，否則便不會出現較高層次的需求。不過，按照馬思勞的看法，一個沒有欣賞美麗的經驗的人，不能算是完全的人。

尋求刺激

聖奧古斯丁曾經說過，我們的心總是焦躁不安，直到它在神裏面找到安息。雖然焦躁不安的原因通常都是不明所以的，但是，這種感覺卻可能是現代人接觸靈性追求的最普遍體驗。

尋求刺激乃一般人最常用以驅散不安感的方式。我們的社會給人提供了數之不盡的資源來尋求刺激。電視、書刊、旅遊、音樂、體壇活動、酒精、毒品、飲食、賭博、互聯網、不停消費、做運動，以及各種數之不盡的活動，全都是極佳的資源，既能提供刺激，又讓人逃避本身的不安。我們指稱，透過這類刺激，我們得以放鬆，排遣日常生活的緊張壓力。某程度而言，這種言論是正確的。但與此同時，我們卻很容易耽溺於這些提供刺激的東西，或說得更正確一點，耽溺於被刺激的狀態。於是，我們逃避的便不單是壓力，更是我們內在的自我。因此，這些刺激品最終只會使我們的靈性死亡。

我們若要靈性成長，就必須懂得保持安靜。為了聆聽那內在自我的微小聲音，我們必須降低外界的聲浪。我們要學會獨處。事實上，盧雲(Henri Nouwen)認為，追求他所指的「心靈獨處」，正是靈性成長的第一步。[4]雖然盧雲指出，除非我們甘願和真正嘗試離羣獨處，否則心靈的獨處只能流於浮淺；不過，從他強調心靈的獨處，我們就知道他所指不單是肉身方面的獨處，更是要留心自己心靈所發出的聲音——而我們正正是為了逃避這些聲音而刻意尋求刺激。

因此，尋求刺激並非一種引導我們尋索靈性的體驗，反之，它是嘗試帶領我們遠離自身的靈性。透過追求刺激，我們淹沒了心靈深處那永遠只會微聲説話、從來不會高呼喊叫的聲音。那驅使我們追求刺激的不安感，才是直接出自靈性的呼喚。然而，除非我們願意聆聽——而不是逃避——這種不安感所發出的信息，否則，我們將永遠不能明白其終極意義或依循它的帶領邁向靈性成長的方向。

探索奧祕

我們活在一個試圖消除奧祕的世代。對於未能釋破的東西，我們不再視為奧祕，只會把它視為暫時未可知的事情。今天未能解釋的事情被假定成明天便會找到答案，繼而成為新發現。我們已經忘記了如何對超乎我們所能理解的事物心存敬畏。

但縱然活在這樣一個沒有奧祕的世界，我們偶爾也會有某些經歷，衝破壓抑敬畏之情的心理防衛。在滿天星斗的夜晚，我們會發現自己不停地追問，一切有關這個以光速不停擴展的宇宙之各種問題。或是，當我們研究有關腦部的運作，我們便不停地在一個問題上打轉：究竟腦部的電化反應，是否足以解釋腦部的一切思維？我們甚至會質疑，科學究竟是否真的能消除奧祕，抑或只是用種種理論將奧祕隱藏？理論儘管正確，卻不是全面的解釋。

奧托（Rudolf Otto）在他的經典著作《論神聖》（*The Idea of the Holy*）中，把我們意識到的那個超越理性或科學解釋的現實，稱之為我們與「聖者」（'numinous'）的相遇。[5]奧托形容這種經歷的主要元素是受造物的一種醒覺，那就是，我們意識到，相對於某種使人敬畏、絕對，和莫大的能力，自己實在是十分渺小。按奧托的看法，這種體驗既使人畏懼，又令人著迷。情況就好像小孩子既害怕聽鬼故事，又被它吸引一樣。與聖者相遇是與神祕和驚訝（*mysterium tremendum*）的接觸。奧托進一步描述：

> 這種感覺有時可能像一陣浪潮輕柔掠過，令我們的心思充滿一種平和而深邃的敬拜之情。它亦可能提升為一種更為固定和長久的心態，正如它一向那樣，不斷興奮地顫動和發出迴響，直至它最終漸次平息，靈魂又復歸它原來那種「世俗」和非宗教的日常體驗。它又可能突然之間從靈魂的深處爆發出活力和震動，或引領人生出最奇異的興奮、極度的熱情、喜不自勝和欣喜若狂。[6]

這種與聖者相遇的經驗，是我們與某些完全有別於人類，遠遠高過或超越自己的東西近距離接觸的經驗。這種神祕和驚訝的相遇，是一個屬靈的經歷，我們在當中體認到要超越自我、向神降服的召喚。

奧祕圍繞著我們。我們可以漠視它的存在，氣惱它經常出現，又可以學習去珍愛它，讓它引領我們進入更深的人生經歷。靈性和奧祕是緊密相連的。奧祕未必一定關乎靈性，但沒有空間容納奧祕的靈性，卻是膚淺和貧乏的。

學習在靈性中分辨心理

在看似單純屬於心理的問題中，學習判別其靈性的含意固然重要，但是，在看似純粹屬於靈性的問題中，學習辨別其心理層面，亦同樣重要。靈性總是栽進心理那裏。我們跟自己和別人的關係，要由一個心理架構和機制來協調，而靈性經驗亦在同一個架構和機制中發生。人格中並沒有一個獨立標榜的「靈性」部分。人格的整體就是靈性。那些希望能關懷別人心靈的人，必須學習去明白所有靈性經驗都有心理靈性之廣闊基礎。

信靠神並不因著神是我們的靈性焦點而成為一個純粹的靈性問題。信靠神是一個心理靈性的委身，要藉著信心的恩賜和培育信靠的能力才能促成。關鍵在於：信靠就是信靠。那些曾遭受嚴重心理創傷的受害者，若他們不相信任何人，他們亦不能相信神。信心的恩賜隨心理靈性得醫治的經驗而來，這醫治往往要先經驗至少有一人是值得相信。

同樣地，得蒙神赦免的經驗也與得到別人寬恕的經歷息息相關。一個從來不曾經驗過別人的寬恕的人，將很難體認到神的赦免。但若然他得著能夠寬恕的恩賜，這不單對他的靈性構成重大意義，而且也是一件心理事件。人對恩典的體驗，會對其心理靈性功能產生影響，這是人為地將人格分為靈性或心理兩部分所無法承載的。

基督徒經常會對神的事情高談闊論，但其實是藉此隱藏自己。他們利用宗教語言來迴避較直接、個人和坦誠地談及自己。有判別能力的靈友將可以從這種談論中感受對方的迴避心理，以致能為求助者提供適切的幫助。神為何好像沒有應允某人的祈禱的討論，可能混入了談論者本人禱告未蒙應允的挫敗經驗。同樣地，談論人如何才能明白神的心意，也可能是故意轉移焦點，避免顯露自己因此問題而產生的焦慮。遺憾的是，宗教或屬靈言語一方面可以作為一種傳達我們最深切渴求和最隱密經歷的媒介，但另一方面，卻又可以用來迴避真我與別人坦誠相交。

將心理靈性的關注點引入我們關懷別人的對話中，意味著我們要學習分辨屬靈的談話內容的心理面向，繼而諄諄地引導當事人共同循這方面探索。有些人需要鼓勵他多談肉身的父親，而不單是他們與天父的關係。另一些人則需要引導他多談自己，而不僅是他們的神學。以心理靈性作為心靈關顧的核心焦點，乃表示關懷的一方必須不斷主動地幫助對方將其靈性與他的整個人(包括軀體)結合起來。請記著，我們的靈性，乃是我們整個人與神建立關係——包括我們的情感、思想、身體、性別、潛意識、愛好和焦慮。注重心理靈性，表示那些關懷別人的人，要以全人關懷為目標，而不會把對方的問題和經歷視作只與人的部分或某個層面有關。

心理靈性的健康和成長

我們先前已經指出，關懷的目標，是要鞏固和修復人內心深處及其全人的美好狀態，並且特別關注人的內在生命。剛才我們探討過心理和靈性在心靈中的互動方式，如今我們亦可以從促進心理靈性的健康和成長這角度來談論這方面。我們從何得知人的心理靈性是健康和成長的呢？我們又如何得知自己正朝著一個正確的方向前進？

心理靈性健康可從人生命中的每一方面顯示出來。但最重要的，是從人由自我中心和只顧自己的心態，轉變為願意捨己愛人這一點反映出來。要學習成為一個完全的人，就等於學習去愛；使人的心理靈性得以健康的鍛煉，也就是愛的鍛煉，因為愛不單只是成全神的律法，更是實現自我。這意味著心理靈性愈是健康的人，愈是充滿生命力，同時，他們的生命也愈能流露出情感、同情心、正義感、真誠和坐言起行。任何改變若見不到愛心和生命力的加增，便與真正的心理靈性成長無關。

此外，人由執意變成願意——即由要控制自己的人生變成願意降服於神的心意——亦是反映心理靈性健康的一個指標。我們想主宰自己的命運，想完全操控一切，但耶穌卻邀請我們將生命的控制權交在祂的手中，祂勸我們不要再盲目追求自主，因這根本是一個虛幻的目標。祂更鼓勵我們放下與自我中心緊扣相連的孤立和頑梗。取而代之的，是祂會賜給我們在祂裏面的安息、滿足和發現在基督裏那真實和最深層的我。當我們願意踏出這一步，願意放下自己，驟然間，我們會發現自己置身的地方，竟是潛意識一直渴望到達的目的地。仿如一件被一隻有力的手抓緊的工具，我們知道自己終於找到了歸宿；我們知道自己已被尋見。吊詭的是，神在基督裏應許賜給我們的豐盛生命，並不是來自緊抓不放，卻是來自釋放。它不是來自努力爭取，卻是來自甘願放下。它主要不是來自取得，而是來自施予。基督徒靈性的根本動力是在於放下與降服——放下我行我素和對神的愛漠然不理之心態，降服於神的旨意和如今已內住人心中的聖靈。

心理靈性的健康亦從人愈來愈有被釋放的感覺反映出來——他已脫離罪疚和過分的焦慮，已脫離舊日的綑鎖，可以完全釋然地過今天的生活。此外，健康的指標還包括與別人的關係愈見親密，愈來愈認識自己，自我的意識和潛意識層面之間能有更坦誠的互通，個人那獨特和最隱密的真我得著實現，以及人格愈趨整合。最後，它還可以從祈克果所稱的「純潔心靈」反映出來，那就是，人心裏所想的，他在生活中就這樣行，除了有專一的定見，更有清晰的方向。[7]

歸根結柢，心理和靈性成長是緊密結連、不可分割的。凡是對我們的心理成長有所裨益的，也可能對我們的靈性帶來好處。同樣地，真正的靈性成長也會令我們的心理得益。靈性和心理健康根本有著唇齒相依的關係。祈連堡(Howard Clinebell)在談及這種關係時指出：「要精神健康，就絕不可缺少靈性健康。兩者只可以在理論層面分開討論。但在人的身上，靈性和精神健康根本是緊密連結、不能分割的。任何會傷害或修復人與自己及別人關係的東西，都總會同時傷害或修補人與神的關係，反之亦然。」[8]

但請留意，雖然筆者指出某一方面的成長，會有帶動另一方面成長的可能，可是卻不保證事情一定會這樣發生。藉著一個稱為「分裂」的心理病態過程，我們可以人工化地把原本應該並聯的東西分開。情感可以與思想分開，記憶可以與經驗分開，還有靈性可以與心理分開。有一個令人感到可悲的事實，就是我們可以經歷到帶來心理健康和成熟的成長，可是這經驗卻對靈性卻毫無衝擊。同樣地，原本應該從我們內心最深處改變我們的靈性經歷，卻可以任由我們的心理狀態保持原狀絲毫不變。我們大有可能擁有一定程度的心理健康，但卻仍然沒有環繞某些超越自我的參照點來整合內心世界，以及朝向該參照點所提供的意義、目標、本位和身分的方向進發。同樣地，我們亦可能經歷到某一程度的靈性成長，卻沒有演化為心理健康。然而，理想就是我們整個人都應該感應到內在那個我的成長果效。

以心靈關顧為己任的人，他們的目標是要鞏固和修復人內心深處及其全人的美好狀態。然而，他們如何才能真正做到這點？隨著我們將注意力轉移到這個重要問題，我們將發現要藉著一種建基在對話基礎的關係來進行心靈關顧。探索這種費力卻又帶來獨特回報的人際相交形式，將是下一章的焦點。

第二部

提供和接受心靈關顧

7

心靈關顧中的對話

對話似乎是一件自然不過的事情，但其實卻又極具挑戰性。當對話降格為談話，甚或再退一步變成說話，其實只是一件簡單的事情。大多數人都有能力與別人展開談話；掌握言語溝通能力的人——至少在某個基本層次——為數則更多。然而，對話所涉及的，卻遠遠超過談話和說話這些簡單的活動，它是給予和接受關懷雙方的交往基礎。

Dialogue（對話）這英文字由兩個希臘字的字根組成，分別是解作「雙方」的*dia*，和解作「字詞」或「說話」的*logos*，指出其核心要義是相通的說話或談話。不過，很多時候，**對話**一詞的含義卻遠遠比這個最基本的含義更為豐富。按照一般的用法，對話是指深入或重要的談話。對話不僅是給予意見、交換資料，或傳達某些早已知道的信息。正確來說，對話是透過談話方式的相交來探索和發掘。它是一種共同的探索，目的是為了提升自覺、增進知識和增加了解。

物理學家和溝通理論家波姆（David Bohm）曾經指出，在真誠的對話中，每位參與者所得著的意義，遠比只有一人侃侃而談大得多。[1]對話的雙方在一個彼此願意聆聽和感應對方心聲的氣氛中進行深入的分享，以致帶出說話背後一般被視為理所當然的假定，使雙方有加深了解的可能。事實上，這就是對話的目的——建立了解，以取代個別參加者在對話之前所存在的假定想法。

對話要求互相的給予和共同的合作。從這個角度來看，我們可以把對話視為一種共同的創作。一些新的東西被創作或被發現，這些創作和發現成了我們對現實中的某些方面的嶄新了解。這種了解是參與對話的雙方共同建立和互相分享的。當這種了解包含對另一個人的真正認識，並且肯定對方生命中某些東西是真實的時候，那麼，這個了解便有改變全部對話成員的可能。

因此，我們可以把對話理解為談話形式的相交，藉此擴闊人對自我、別人和世界的了解。它因而擴闊了自我。在真誠的對話中，我嘗試分享我如何經驗這個世界，同時亦想了解你的經驗。在這個過程中，每位參與者都去感應別人，也被別人所感應，結果是給各人帶來改變。真誠的對話會使人自然地作出改變。

辯論、討論、談話和對話

對話與其他語言溝通的形式既有許多重要的共通點，但亦有不少顯著的分別。把對話與其他不同的溝通模式刻意區分，可能會略嫌太人工化，可是，這樣做卻的確可以幫助我們認清對話的特點。

從許多不同的層面來比較，對話與辯論可算是兩極的對立，而討論和談話則排列在中間位置——討論較接近辯論，而談話則較接近對話。表一便嘗試列出這四種溝通形式的最重要分別。

表一

言語溝通的形式

辯論　　討論　　談話　對話

	辯論	←→	對話
內容	按規章	←→	無規章
結果	贏／輸	←→	贏／贏
信任	信任程度低	←→	信任程度高
尊重	不能容忍不同的意見	←→	接納分歧
交換	事實和論據	←→	感受、價值觀和解釋
形式	陳述	←→	問題和陳述
焦點	「我知道甚麼？」	←→	「我可以學到甚麼？」
提問	利用提問來化解及推銷意見	←→	借助提問來深化了解
知識	用以作為武器	←→	用以作為禮物
冒險	避免冒險	←→	願意冒險
目的	證明	←→	探索
聆聽的方式	反複思想，準備隨時反擊	←→	主動感受
意志的狀態	執意控制，不願意改變	←→	願意放下，願意改變

資料來源已獲原作者David Gouthro允准採用，他開設了一間以溫哥華為基地的顧問公司，名為「The Cutting Edge」。

當我們分別細看對話和辯論這兩個極端，或是比較對話與討論或辯論與談話時，都不難判別出這四種溝通形式的分別，由於這四種言語溝通模式之間的分界線並不是那麼死板固定，所以，與相近的形式比較時，便較難顯出彼此之分別，有時還會顯得過於武斷。

對話與討論之間的主要分別，可以「討論」的英文字源反映出來。「討論」的英文字discussion，與percussion（即敲擊）和concussion（即震動），同出於拉丁文*discutere*（即砸成碎片）一詞。[2]換言之，討論這種談話方式往往帶來分裂。參與討論者都知道這種交鋒涉及為自己的觀念和立場辯護，結果總會分出輸贏。相較於反複思考自己下一步的論據，聆聽只是這次討論的次要關注點，而整個討論的目的亦通常是提出論點，增加了解只屬其次。

當然，我們若將對話與辯論比較，這些分別就更為明顯。任何明白到辯論規則的人，絕不會預期彼此可以透過這種接觸方式來加深對問題的了解、改變自己的立場、交換心得或從別人身上學習。辯論是一種文明的決鬥方式——但有時卻比其他方式更不文明。它們並非自由交換意見，藉此增進溝通和發掘真理的論壇。

辯論以及沒有那麼正式的討論，與對話還有另一個分別：辯論和討論都有一個核心焦點和一些明確的守則，期望參與者不要離題。辯論的內容環繞一個事先協議的正式議題；而討論的焦點只是一個被非正式地認定的題目。然而，與談話或對話相比，討論進行的形式明顯是受內容規管的。討論總是關乎某些東西的，有意義的討論會盡量把焦點環繞某個被認定的主題，絕不會像投契的談話那樣東拉西扯。因此，我們可以說討論的目的是為了尋求意見一致。雖然在現實中它卻往往製造分歧。

相比之下，談話與對話卻在極能包容分歧的氣氛下進行。事實上，分歧的意見往往被視作引起交談的標記。談話與對話並不著意於要達成任何結果，而且，對於內容通常也沒有任何明文或不明文原則要遵守。它們只是自由地交換意見和感想。這正是為甚麼當某人主動與我們攀談，我們以為是普通的談話，其後才發現這只是他找機會來推銷產品或傳教的手法時，我們會感到憤怒的原因。與辯論和討論相比，談話及對話——後者尤甚——需要更高程度的人際互信，因此，彼此在當中交換的，不單只是資料和論據，卻還有感受、評價和解釋。談話和對話所面對的挑戰，再不是「我知道甚麼」和「我怎樣才能表達得最有說服力」，而是「我可以學到甚麼」和「我怎樣才能最全面地了解對方」。

對話通常是雙贏的相遇經驗。對比討論和辯論，對話著意於探索多於證明、發現多於立論。在對話的時候，知識被視作一份禮物；而在辯論的時候，知識則被當作武器。不過，在對話中的真正禮物卻不單是某個人的知識，而是他自己。這正是人們只可以在信任和尊重的情況下進行對話的原因。即使是分享本身的意見和知識，人尚且需要一個令他感到安全的環境，若要分享本身最隱密的自我，豈不需要一個能提供更大安全感的空間？

對話是兩個或以上的人努力溝通的方式，在溝通的過程中，他們既尊重彼此的獨立性，又欣賞大家的共通點。對話這種溝通方式，亦發揮互相支持的作用，鼓勵各參與者不斷加深對自己、對別人和所探索事物的認識。但是，當對話被逼要為某些具體的任務效力時，例如為參與對話的某人解決問題或促使他作出改變，對話便會冒上失卻其獨特功能——讓參與者自由和互相分享自我——的危險。特別是當其中一位參與者刻意通過對話與另一位一起做一些事，或為他做一些事——即使是出於良善如幫助大家成長的動機——也同樣會陷入上述的危機。然而，當對話以較具相關性的形式進行，發展和成長的目標便可與筆者所指的對話乃非操縱性溝通模式之理想並存。

也許，這四種言語溝通模式之分別，可以用以下的方式說明：試想像有兩個人正東拉西扯地閒談。他們可能談及感受、想法、天氣、未來的計劃、他們的關係、政治、彼此認識的朋友、近來看過的書或電影，總之想到甚麼便說甚麼。美好的交談並非由結果來衡量，乃完全由過程來衡量，互相關係和接合的，才算得上是談話。

相對而言，上述閒談出現過的任何一個主題都適合作為討論的焦點，但好的討論卻要比好的談話有更多限制。討論的焦點是一些參與者能採取立場的事情。這表示討論看重見解多於感受、立場多於理解。在討論中，一方對另一方說：「那麼，現在輪到你告訴我，你對這事有何見解？」(這事可以是即將來臨的大選、最近上演的一齣電影、某個政治社會問題或某個神學重點。)不過，好的討論每次只能探討其中一個主題。相較於辯論，雖然討論的過程需要冒上更多分享自己的危險，但較之於對話，則涉及較少人際間的信任和較少冒險成分。

當然，辯論是最有組織和最以爭論為目標之語言互動模式。主題是經過認真確立的，發言的守則是明確的，而各參與者都清楚知道互相的交流只是為了勝敗之爭而不是為發現和探索而進行。

對比之下，對話則涉及兩個或以上的人，他們是為了彼此能更深入了解而一起交談，除此以外便完全沒有其他目的。在對話的過程中，各人都會對其他人說：「我便是這樣經驗這個世界，你又如何？」美好的對話包括要分享自己，與另一個人深入溝通，致令大家的自我都得以擴闊。

布伯（Martin Buber）形容對話是一種真正趨前與另一個人相交的溝通模式，當中包括把對方完全視作一個真正的人——而非物件——來看待。[3]布伯把這種接觸稱為「我—你之間的接觸」，用以對比人與物件之間的「我—它之間的接觸」。在我—你關係中之對話，會帶來個人化的知識，那與我—它接觸所製造出來的非人化知識有很大分別。個人化知識是**對**某人的認識，而非人化的知識則是**有關**某人的資料。真正的對話是以個人化的知識為核心的。

按照布伯的看法，當我們與別人相交，我們才是真實地活著，而對話便是我們與別人相交的所在。在真正的對話中，他者成為在場者——再不僅是在想像或感受中——進入對話者存有的深處。這要求每個參與對話的人做回他自己。在這種情況下相交，結果便是各人都可參與別人的生命。原本在兩人之間的東西，如今變成在他們各人裏面。這便是對話的奧妙之處。

具治療性質的談話

布伯對於對話其中一個重要看法，就是只有在平等的關係中才有真正的對話。這點對非互惠性質的給予關懷者和被關懷者——例如心理治療員與病人——意味深長。事實上，布伯曾經與羅杰斯談論過這個看法。布伯認為，因著對話要求大家有平等的關係，那麼，具治療性的談話便必然不及真誠的對話，因為治療員永遠不會與病人有平等的關係。[4]布伯斷言，一旦人將助人的角色變成專業，就製造了人與人之間的不平等——這種不平等令構成真誠對話的自由溝通不可能出現。

雖然心理治療員有時會用對話的語言來交談，但一般來說，他們較常用引導面談的方式來說話。這並不表示他們只會問問題。治療式心靈關顧已非常明白聆聽的重要性，以致在過程中只能夠容忍提供關懷者提出簡單的詢問。具治療性質的談話儘管對理解和進行心靈關顧對話有很大貢獻，但它卻是一種有極大限制的對話。在了解其限制之前，讓我們先認識其可能的貢獻。

各心理治療的主要傳統都傾向強調具治療性質的談話的不同層面。首先，心理分析學派便將焦點放在我們該如何去聆聽，以及在過程中聽到些甚麼。弗洛依德本人對認識和實踐聆聽這事作出了兩大貢獻。首先，他強調聆聽者必須同時留意對方的言語和非言語信息。他堅稱，在聆聽過程中，用眼去觀察和用耳去聆聽同樣重要。他對此看法的評價非常具啟發性。

> 當我著手進行研究時，我並沒有借助催眠術的強制性力量，反而藉著觀察人們的表現而將隱藏在人內心的東西發掘出來。我原先以為這件工作會很困難，但實際執行時卻發現並不是如此。凡用眼去觀察和用耳去聆聽的，都可以放心告訴自己，沒有人可以守住祕密。假如他閉口不言，他便會用手指頭來發嘮叨；連他的汗水也都出賣他，從每個毛孔慢慢流下來。因此，要知悉人心中最隱密的事情，是一件成功機會很大的工作。[5]

雖則知悉人心中最隱密的事情並不是心靈關顧對話的一個必要部分，但是，弗洛依德強調要留意非語言溝通，卻對所有期望透過聆聽去了解別人的人，有重大的意義。人的語言包括説話(確實的言詞)、聲音(例如聲調、速度、音調高低、抑揚變化等)和行為(包括面部表情、説話、姿勢、手勢、態度等)。好的聆聽者要同時注意這三個渠道所傳達的信息。

弗洛依德對於認識和進行治療性質談話的第二個主要貢獻，具有更重要的價值。他建議聆聽者要「均分注意力」。[6]他留意到在談話的過程中，一般人都傾向集中注意某些他們認為最事關重要或最有趣的事，因此，他提議我們聆聽時要稍為放鬆，將注意力分散在不同的談話內容上。這種聆聽的目的，是要保持開放的心態去聆聽別人的經驗，盡可能避免把注意力集中在某一點。按照弗洛依德的看法，在談話過程中集中注意力，很可能會陷入一個危險，就是只聽見我們早已知道的事情，和只接收到我們早已預料到的東西。

弗洛依德亦留意到，治療員本身的期望也可能妨礙深入的溝通。即使他的期望是出於一片好心——例如想記得談話的內容或想聽清楚內容等等——依據弗洛依德的看法，這也會對聆聽造成妨礙。他對心理分析員提出了一個令人感到有點兒奇怪的建議，就是在進行具治療性質的談話時，要拋卻一切期望、記憶，甚或是知識，單純相信只要全然地接受那人和他的經歷，就能充分了解他及與他溝通。不少人發現這對於聆聽是一個非常有用的意見。

毫無疑問，羅杰斯在這方面最大的貢獻，是經由他驗證得出的三大先決條件，若治療要帶來改變就必不可少這三大條件。[7]按照羅杰斯的看法，這三個條件是治療員所必須具備的三種特質，分別是同理心、尊重和口心如一。同理心表示能夠對別人的經歷感同身受，但卻不會混淆為本身的經驗。按羅杰斯的解釋，尊重就是無條件地正面看待人。要真正重視人的價值，我們就不可設定任何價值判斷準則去評價人。羅杰斯亦把這種特質稱之為「非佔有性的親切」。口心如一是指人要表裏一致，不做出任何違背內心那個真我的事情，不扮演某個角色。

雖然羅杰斯所強調的同理心、尊重和口心如一乃做人的根本態度，而非甚麼技巧，可是，它們卻無可避免地在某些人手中變成為治療技巧。結果便造成具治療性質的談話非常重視對方的感受和內心的感覺，治療員亦會故意說出類似「你剛才是想告訴我……你是這個意思嗎？」或「聽起來，你好像感到……」等話，來向傾訴者表示同感和理解。我們可以形容這種聆聽的重點，是聆聽對方的直覺經驗。它是一種嘗試以同感認受的方式去理解對方的內心體驗。

沙利文在幫助我們去了解及實踐治療性質談話方面最重要的貢獻，是在於揭穿臨床面談時所謂保持客觀的神話。[8] 他斷言治療員不可能在心理治療的面談中獲得有關病人的客觀資料；他所得到的，只是對方在某個特定時間和環境與某個特定治療員接觸時所提供的資料。他認為參與面談的人都有分塑造面談的過程，同時又受面談所影響。因此，面談並非一種可以讓治療員置身事外的臨床工具，它實質上是一次人與人之間的接觸。

心理治療員在與求助者的談話過程中，究竟聽到甚麼呢？儘管在某程度上是在乎該治療員採納哪種心理治療法，但通常來說，治療員總是通過他本人在有意與無意間對以下理論所建立的前設來聽對方的說話，包括他對人性和心理病態的看法，他用哪套心理治療過程來解釋問題，以及他肯定或否定哪些假定會有助他解釋這些問題。綜合各心理治療的主要傳統，我們可以確認具治療性質談話有四個聆聽的重點：談話的表面內容，對方的直覺經驗，談話的隱藏內容和治療員本身的直覺經驗。

所有優良而且具治療作用的聆聽，都是始於專注留意對方所說的話及實質上使用的字眼。這就是聆聽字面內容的意思。這層面的聆聽，是留心對方說話的字面含意，藉此了解他想傳達的內容信息。治療員必須避免推測說話背後是否還有深一層的意思，或有某些東西被隱藏。他要假定對方告訴他的那個故事，就是故事的要點。

以這種態度來聆聽，其要求比想像中要高得多。它需要主動的介入，以及在內心默默地處理所聽到的內容。治療員要一邊聽，一邊反問類似「這句話除了我最初了解的含意外，還有其他意思嗎？」等問題——治療員是向自己而非病人問這個問題，而且，他只能在心中盤算，不能講出來。問這類問題的目的，並非為了質疑對方是否講真話，而是為了弄清楚慣常用語的真正含義。事實上，愈是慣用的俗語，就愈需要去問：「我肯定這人說的這句話真是我所了解的這個意思嗎？」

到了第二個層次的聆聽，治療員需要運用羅杰斯所描述的那種感同身受的方式去了解對方的直覺經驗。透過這種聆聽，治療員可以了解對方的觀點和經驗的內在框架。這種聆聽方式雖始於筆者所指的表面內容，但與此同時，卻不可忽略任何非言語的溝通信息。這種聆聽的目的，是要讓治療員感同身受地體驗病人或當事人的遭遇，這正是用同理心去明白對方直覺經驗的意思。

聆聽隱藏的內容就是要探聽故事背後的故事。這種聆聽不僅停留在當事人的自覺經驗，還嘗試在言語當中尋找線索，探知隱藏在說話背後那非意識層面的意思。例如，弗洛依德便因此而指出要特別留意當事人無意中講出的說話、不尋常或不恰當的感受，和慣常出現的抗拒模式，這些都是用以明白他所謂溝通當中的隱藏內容之可能途徑。心理分析學派認為溝通的表面內容其實已充滿了解釋隱藏內容的密碼，故此，他們便發展了一套臨床的解碼策略，幫助治療員聆聽這深一層的意思。

在心理治療的面談中，最後一個層次的聆聽，就是要治療員聆聽自身的直覺經驗。在聆聽和嘗試了解對方説話內容之同時，至少要將部分注意力放在自己的內心經驗上，似乎有點奇怪。然而，這卻是依據沙利文所解説的臨床談話原理而得出的一個自然推論，那就是，面談並非一個客觀評估的方式，而是一個主觀的溝通過程。這原理是假定當我思想中的意識層面嘗試聆聽你思想中的意識層面向我説出的話時，我思想中的潛意識層面亦需要聆聽和回應你在潛意識層面的信息。這便是萊克（Theodore Reik）所指的用第三隻耳朵去聆聽。[9]在實際應用時，它要求治療員留意自身游移不定的思想、幻想、直覺、聯想和感覺，從內心的感受尋求線索去幫助解釋那隱藏的內容。

儘管心理治療在聆聽和談話方面的深入剖析對於心靈關顧的對話帶來極大的啟發性，不過，正如我們先前已經指出，治療性質的談話卻是一種有很大限制的對話方式。由於心理治療員很容易將同理心、尊重和口心如一等對人態度變成面談技巧，以及強調治療員的技巧多於治療員的人格，以致治療員所提供的聆聽往往極為有限。心理治療員負擔不起我們所定義的那種對話，那是一種奢侈的對話。（也許，我們應該換一個説法，病人一般都負擔不了這種奢侈服務，只能買那些把焦點局限在癥狀範圍的談話頂替。）因此，治療性質的談話實在——也必須——比一般共同分享和自由表達的對話更有重心。只有心理分析學派的治療員能提供全面地探究所有浮現於意識層面的東西的可能性。然而，在現實中，心理分析的談話較像一段獨白多於真正的對話。

心理治療員在受訓的過程中，要學習如何運用談話來達致治療的目的。這方面的訓練一般包括：學習專注、反映情感、鼓勵對方表達得更明確、如何運用質詢，和有系統地提出問題等各種談話技巧。可惜，治療員在談話過程中既要小心注意自己的聆聽方式和介入技巧，便輕易犧牲了真誠對話那廣闊遠大的目標。保持良好的視線接觸、在適當時候對所聽到的説話作出經過思考的回應、指出不足之處和引導對方回到主題等，都是有助真誠對話的一些技巧，然而，它們本身卻絕對不能取代真誠的對話。

因著治療式心靈關顧的診療性質，關懷者將關懷的焦點集中於釐清問題和解決問題之上，使真誠對話的可能性大打折扣。倘若對話的目的純粹是為了解決問題，那麼，對話便只是一種工具，一種達致目的之手段。然而，對於針對人的心理靈性核心進行關懷和培育的對話而言，解決問題只是一個極之狹隘的目標。談論問題可以是對話的一部分，但只集中於處理問題，往往便犧牲了這些對話可能有的豐富內容。

布伯認為，對話若不是彼此是把對方視為人的個人化溝通，就是把對方視為物的非人化溝通。不論是出於如何良善的動機，這種將人物化的做法，都無可避免地貶低了對方作為人的價值。遺憾的是，治療性質的談話往往涉及這種將人物化和非人化的做法。每當我們著手處理一件個案、一個診斷的分類、某個問題或處理手法的案例，甚或是一個病人，我們都不是與一個真正的人接觸。更壞的是，當我們以這種方式來對待別人的時候，我們實際上是貶抑了他們的人性。我們或許可以幫助他們處理其自我某個部分的功能失調，但是，卻不能提升其整體自我的生命活力。心靈關顧的焦點，永遠都是人而非問題，我們試圖透過對話來接觸的，也是人本身。

費狄文(Maurice Friedman)描述在具治療性質的談話中實踐真正對話的困難時，他指出：「心理治療員很多時候會給別人提供技術援助，卻沒有與他們建立關係。單方面給予援助是一種自大的心態……這種做法是試圖去變法術。」他繼續說：「真正的對話並非靠我們刻意營造，而是要讓別人有機會投入參與，不讓我們的經驗和想法充塞著整個談話內容。惟有我們以夥伴的心態來看別人，而不是奉行今天慣常看人的方式——用簡化、帶有分析性的將人定型——我們才能夠把別人視作完整和獨特的人來看待。」[10]心理治療員所面對的挑戰，是要努力爭取深入的溝通；按布伯的講法，這種溝通才是真正生活和得著醫治及成長的地方。

具牧養性質的談話

倘若治療性質的談話所面對的挑戰，是要避免讓簡化的分析、臨床的技巧或治療員的角色，對人與人的真誠及深入溝通構成損害，那麼，牧養性質的談話所面對的挑戰，就是要在聆聽別人和代表神發言這兩者之間，尋求一條不會將對話與講道混淆的可行之路。對比於我們先前把對話的心態形容為：「我是這樣看這個世界，請你告訴我你怎樣看它，以致讓我能看得更清楚」，最差勁的牧養性質談話有時近乎：「神是這樣看這個世界；你還可以說甚麼？」

這當然不是真誠對話的應有態度，典型的牧養性質談話也不會如此。在臨床牧養教育運動的影響下，牧者在進行牧養關顧、談話及輔導時都已經意識到聆聽的重要性，而不單是要傳講神的話。但是，我們不要以為重視聆聽的價值，乃得益自心理治療法的新近研究成果，其實，更正確來說，它是提醒牧者歸到本身的最優秀傳統，例如，請留意十七世紀一名法國牧者費尼倫(François Fénelon)對提供靈性輔導者的忠告：

> 少說話；多聆聽；多用心思去明白別人的心靈，以及調節自己去迎合他們的需要，這些比向他們講一些高言大智的說話更為重要。表現出你有開放的心思，同時讓每個人透過親身經驗明白到，他向你敞開思想，是既安全，又能得著安慰的事。[11]

幾個世紀以後，潘霍華(Dietrich Bonhoeffer)亦強調同一個重點，所不同者，是用更強烈的語氣：

> 許多人都在尋找一隻會聆聽的耳朵。他們不會在基督徒中間尋找，因為基督徒總是在應該聆聽的

時候說話。凡不再聆聽弟兄的，不久也不再聆聽神……凡不能長時間和耐心聆聽的人，此刻的說話總是言不對題，而長遠來說，他對人所講的說話，將永遠是言之無物，儘管他自己完全不覺察這點。[12]

牧者要傳講神話語的召命，與牧養性質的談話對非牧養性的心靈關顧所可能作出的最大貢獻，其實是息息相關的——提醒人記著，在心靈關顧的對話中，道德層面的反省是十分重要的。縱使牧養關顧有時也會弄不清本身的道德框架，但是在當今各種心靈關顧方式中，它對必須包括道德層面的反省一事，始終保持最忠誠的醒覺性。在進行這方面的探問時，最大的挑戰是不可變成道德監管或單方面的說教。最理想的牧養關顧習慣進行這種探問。那些想為自己的關懷行動重新發掘一套道德架構的人，可透過了解牧養關顧而獲益良多。

道德構成人性一個深層和基要的部分，以致人生每一方面都必然牽涉道德。人不可能在一個道德真空的地方生存。然而，不少人會認為生活的某些方面是不受道德價值所管制的。正如我們在前面曾經指出，有些人錯誤地以為心理治療便是在脫離道德判斷的空間下運作。另一些人可能認為，諸如基本的科學研究、修理一部收音機或文書處理等，都不涉及道德反省。但正如魯益師(C. S. Lewis)指出，對與錯的觀念是我們與這個世界接觸之前，已預先設定的一個根深蒂固的永存部分；而它的存在必須理解為現實的一個深層架構之證據，或是，用他的說法，它是「探知宇宙意義的線索。」[13]

這使道德反省成為任何對話中的一個寶貴部分。若然對話的目的是兩個或以上的人之深入溝通，大家都期望透過談話彼此分享和真正認識自己、對方及世界，那麼，道德就在這種談論中有著一個重要的位置。撇開道德，我們便無法追尋或認識真理；真理根本就是與正義共存。基督徒正是如此理解基督是真理與正義的化身這個神學宣認。

要是道德反省在一般對話中也有這樣重要的位置，它在用以心靈關顧的對話中，就更是無可取代。先前在我們探討心靈關顧的歷史時便已經指出，直至治療心理學興起之前，道德層面的關注一直是心靈關顧的一部分。當我們探視基督教心靈關顧史時，我們又再一次指出，只有在道德範疇內進行的關顧，才配稱基督徒的關顧。基督教心靈關顧不僅關乎愛、寬恕和恩典，而且，它還要提供一個機會，讓人探索自己應該怎樣過活。這是一個道德的探索。在心靈關顧的過程中出現道德元素，並不會使心靈關顧等同於道德勸導或説教。心靈關顧所要提供的，是一個讓人作出道德反省的空間。

在給予關懷的各種人士中，牧職人員的社會和象徵角色是最獨特的。他們是宗教的權威人物，而且，無論他們喜歡與否，他們的角色已象徵著宗教的價值觀。這方面的最大好處是：當人主動找牧者時，他已知道他們之間的溝通會在一個道德的架構內進行，而對話的內容也將涉及生活的道德層面。有些人特意造訪牧者，就是想得到從這個共同接受的道德架構中所提出的意見。另一些人約晤牧者，可能純粹是為了知道牧者對某事的道德立場。這些人未必想聽任何意見，甚或是未必接受牧者的道德立場，但他們仍然想從公認為提供道德反省機會的牧者那裏得到關懷。

當然，許多人亦正正因為同樣理由而迴避牧者。被罪疚感纏擾而深感苦惱的人，很可能會非常抗拒任何有關道德取向的言論。他們認為自己已經清楚知道這種道德取向會對他們的人生構成甚麼影響，他們在抗拒的同時，亦一併拒絕凡與它有關的人物。這顯示說教所帶來的負面影響。當人帶著批評、高壓或威嚇的口吻來大談做人道理，往往只會成事不足，敗事有餘。

基督非常清楚自己的道德立場，但是，祂自始至終對人的態度都是滿有恩典，絕對沒有半點強逼。祂的道德取向與真誠對話可說是同出一轍，因為兩者皆予人表達的自由和抉擇的自由。基督徒心靈關顧的方式，不是要想盡辦法去確保對方按照你的想法（或你假定是神的想法）處理他的問題。反之，我們應該提供機會讓人從基督教的角度來反省人生，同時考慮這個角度對生命的啟發和所提供的選擇。

勃朗寧在《牧養關顧的道德範疇》（*The Moral Context of Pastoral Care*）一書中指出，若有非常清晰的道德立場，那麼，暫時不表明道德判斷，這是可行的，也是恰當的。耶穌藉著對話與人溝通的事例，便正正反映出這種情況。由於每一個與耶穌接觸的人都非常清楚祂的道德立場，以致耶穌有自由保留自己對某事物之道德判斷。當有明確的道德取向，就無須事事表明立場，在這種情況下，其道德判斷往往可以被推斷出來。勃朗寧繼續指出，正因為牧者所服事的羣體，會不斷嘗試釐清自己在價值信念上的委身，因此，對於關懷對象之道德問題，牧者許多時候都有權保留不公開自己的看法。[14]

不是在這種道德範疇內工作，又沒有為他們的關懷對象提供一套道德架構的，又會怎樣呢？沒有這樣一個清晰的道德架構，很容易會被人誤解為道德考慮並不重要。這種道德真空最終會引致個人和社會的價值崩潰，亦會造成道德混亂。可悲的是，不僅心理治療員會掉入這個陷阱——以為不帶著批判眼光看人，就要刻意迴避道德反省和探索——在治療心理學的影響下，許多從事輔導的教牧人員也往往輕信了這個愚蠢的想法。

沒有道德框架的心靈關顧，乃暗示道德是一件個人和私人的事——這個立場推演至極端的時候，相當於認為每個人最終只需向自己負責。這種私有化的道德，乃是西方社會邁向世俗化的結果。大多數人都承認人生需要作出許多道德抉擇，但他們卻似乎同時假定，由於每個人都要個別地自行作出抉擇，所以並無必要與人共同探討道德問題。這是一個最不幸的假定；道德所牽涉的範疇是如斯的複雜，我們無人可以單獨去處理。我們極之需要可以溝通的人，一同對人生各種問題作出審慎的道德反思。

我們可以在哪裏找到這種溝通對象？當人想反省自己在商經和生活上所牽涉的各種倫理和道德問題，他可以找誰一同探討？他可以跟誰談論有關如何平衡工作與家庭生活的問題？當人想就社會某個不公義的問題探討他應有的回應時，他可以找誰一起討論？讓人可以共同探討生活各種道德問題的現存空間相當有限。曾幾何時，教會曾經在西方社會給大眾提供這樣的空間；可惜，隨著教會現今在世俗社會只站在邊緣位置，她所能發揮的作用極之有限。

那些願意與別人環繞這些道德問題進行溝通的心理治療員和輔導員，已經是某些人的出路。然而，正如前面指出，大部分從事精神健康的專業人員都傾向接受一個錯誤的看法——認為心理問題與道德無關，因此，在治療過程中並不適宜作道德層面的考慮。對大多數人來說，朋輩最能夠為他們提供道德反省的空間。事實上，心靈關顧的工作，主要是由朋友互相提供，而且在提供的同時完全不曾想過自己正在做著*cura animarum*的工作。但可惜的是，朋友之間往往也同樣認為道德乃個人私隱；結果，朋友間便通常會為談話自定界限，令大家都不好意思談及道德論述和倫理反省。

心靈關顧的對話

我們極之需要有靈友，好讓我們在真誠對話中相遇，找到反省的機會。但是，以基督教道德框架作為基礎的談話中，還有沒有探索和發現的機會，抑或，這類談話的目的就只可以環繞道德勸勉？倘若我們認定共同參與是投入對話的必需條件，心靈關顧能否達致布伯所提出的那種共同參與之理想？為何在心靈關顧的過程中，對話是那麼困難和難求？我們若試圖將對話的觀念重新放回心靈關顧的關係中，我們就必須先解決上述的問題。

正如在本章前面已經提過，不少基督徒認為在心靈關顧中，既不可能有對話，亦不適宜有對話；這確實是一個令人感到頗為氣餒的事實。他們把心靈關顧視作一種靈性指導或輔導的關係，因此便認為目的既是要幫助別人的靈性成長，在某程度上便不可能與共同參與、探索和發現等理想共存。依這種看法，心靈關顧是一種某一方認定要給另一方提供協助的關係，故此，提供協助的那一方若然在這種關係中有任何得益，只是「額外的賞賜」，絕對不是應有的期望。同時，由於提供協助的那一方自覺對真理已有相當程度的掌握，所以他們根本就不預期自己與關懷對象之溝通會改變自己對事物的看法。因此，對這類人而言，共同參與在心靈關顧中根本不重要。

這種對關懷的看法，與本書一直所講的相去甚遠。任何人若假定自己已無須再學甚麼，他就根本不配得委以心靈關顧的重任。若有任何人害怕以自己可能會被改變的方式來與人交往，我們就更必須設法防止這類人染指心靈關顧的任務。

共同參與並不等於要角色對等。即使在我被認定要負責關懷另一個人的境況中，只要我能夠對以下三個問題給予肯定的答案，便有共同參與的可能。這三個問題分別是：我是否願意帶同我自己參與，而不是只帶同我的關心，來與對方相遇？我能否接納對方是一個完全和獨立的人，讓他（或她）作他（或她）自己？我是否願意開放自己去接受對方的經驗和觀念，以致我自己可能因著這次接觸而產生改變？如果我給這三個問題的答案都是「可以」，那麼，對話便可能發生。反之，它可能是一種關懷的關係，甚至是一種幫助的關係，而不可能出現任何配稱之為對話的相交關係。

許多東西妨礙我們有這種相交式的溝通。過度理性的人往往會預先構思對話的過程，以致探索情感的空間非常有限。這個預先企劃的過程亦會拒絕或盡量減少不屬於理性或非理性的東西出現。潛意識過程和因潛意識而產生的行為都會被輕輕略過，至於渴望、夢、直覺、巔峯經驗和心靈的陰暗面等，更是不用多談。此外，與過分側重理性的人對話，也不大可能發現奧祕的價值。

同樣地，側重理智分析亦會規限了對話。儘管抽象概念和分析肯定有助提升我們的理解能力，但過分運用它們，卻會迅速阻礙真誠的對話，因為它們會把個人化的主觀知識，變成非個人化的客觀知識。理智分析會在觀察者和被觀察者之間、分析者和被分析者之間製造一個極大的距離。因此，在理解的過程中，分析的一方會因為摒除了明顯的人格因素而將經驗扭曲。當人主要運用這種方式去處理觀念、感受和經驗的時候，結果往往是終止探索。與這種人之間的談話亦很難稱得上是對話。

分析通常是難以容忍神祕或含糊的事情存在的反應。對含糊的事情容忍度很低的人來說，若真是碰到這類事情，最好的一面去看，會視之為挑戰，但從最壞的一面去看，則是威脅。但無論如何，他們於這兩個處境的反應都是一樣的，就是會盡力透過分析去破解他們不明白的地方，藉此消除奧祕。從這個角度去理解，分析便往往是面對威脅或不安感的一種情緒反應，而不單是用理性去處理問題。然而，一人的問題可以是另一人的心理靈性成長機會。面對奧祕，我們不可一律地敬拜，或是一律地摒棄。反之，我們應該視為一個刺激大家藉著對話來探索的大好機會。

一個並不真正認識自己的人，也是構成對話的主要障礙。對話是兩個或以上的真我的溝通。我們給予別人的東西，與我們真正和深入認識自己的程度成正比。我惟一能給予別人的東西就是自己——要不是眾多虛假自我的其中一個（一個角色），就是那真正的我。倘若我不認識自己，那麼，我在對話中所能給予別人的，就只有一個虛假的自我——某個自我營造出來的人。要是我給別人一個虛假的自我，對方就很難將他最隱密和最真的自我給我。如此，虛假的自我只能要求與另一個虛假的自我溝通。在這種兩個虛假自我的溝通中，至真至誠的那個我將不可能出現。然而，只要我是一個真正表裏一致和願意真誠地表達真我的人，與我溝通的人便有機會做回真正的自己。他們未必知道是甚麼促成這事，但是在內心深處，他們承認這種深交的機會其實是極為難得的。

除非我深層地認識自己，否則我便無法將自己與我尋求在對話中遇見的那個人分開。在對話的過程中，我是在我裏面——而非我以外的某個地方——與別人相交。這就是個人化地認識某人，與非個人化地認識有關他人的事情之分別。對話不是間接地談及另一個人的資料，而是直接與那個人相會。由於我們是在我心深處某個地方相會，因此，我必須有能力將他／她和我分開——將他／她這個獨立個體，與他／她投映在我內心現實的那個個體分開。這正是我在對話中能否個人化地認識另一個人，是那麼在乎我是否深入認識自己的原因。我認識自己，以致我能夠認識其他人；在認識其他人的過程中，我又能更深地認識自己。

缺乏勇氣和害怕親密關係，亦會妨礙對話。要回應與另一個人分享自己的邀請，實在需要很大的勇氣。倘若我害怕與另一個人坦誠相對，我就會選擇一種對參與者要求不多的談話方式。真誠的對話是一種親密的接觸，它並不適合缺乏勇氣與別人坦誠相交的人。

最後，想控制大局的心態亦會妨礙對話。我們可以控制面談和談話的過程，但是，卻必須放開懷抱和降服於對話之下。我們進入對話，就彷如乘搭一葉輕舟隨著河水飄流，我們必須放手讓對話帶領這次旅程。我們可以製造對話的**機會**，我們可以參與對話，可是卻絕對不能製造或控制對話。如果我決意要把持自己的控制權，又要控制談話或關係到達的境地，那麼，我便負擔不起對話要求我們付出的代價。但是，假如我能夠暫時放下要控制自己、別人和彼此關係的心態，那麼，對話便給予我和他們一個體驗放下自我的獨特機會，讓各參與者能擴闊自己。

對提供心靈關顧者的具體建議

明白到對話就是心靈關顧的精要，繼而開始一段心靈關顧的關係，我們一方面可能感到鬆一口氣，但另一方面亦可能感到害怕。一方面，這表示我們無須太擔心要如何掌握某些理論或很有才幹，但另一方面，這卻意味著沒有任何事情被隱藏起來。

人與人之間被稱為對話的接觸，主要並不關乎我**做**甚麼，而是關乎我**在**。事實上，對話是一種權利多於一項責任，是一分禮物多於一項成就。按照布伯的看法，對話的威力在於，被關聯就是生命的本質。做人就要被關聯。因此，對話是人生命的核心——讓人得以瞥見永恆的一件事情。它是「無法預計、不可據為己有的相交機會。」[15] 藉著神的恩典而非我們的技巧或聰明，為這種相交提供了活潑生命的各種可能性，包括更自我醒覺、更有活力、更完全和更有人生意義。這是對話製造的神蹟，它也是心靈關顧的核心所在。

心靈關顧者怎能促進對話的可能？對話該以甚麼作為內容，又該如何引導談話的方向？以下是幾個具體的意見：

1. 個人的預備可促進對話的可能。雖然對話可以在自發的情況下發生，但個人的預備在某程度上亦有助對話的產生。為心靈關顧的對話作準備，就是在自己裏面預備一個安靜的空間——一個讓我可以邀請別人進入和會面的空間。當我分心注意外來的壓力或記掛著各種內在事情，我就很難與別人進入真誠的對話。安靜和默想可以使我的心靈復歸平靜，推動我與神聯繫，和幫助我去清理一個可以容納別人的內在空間。它亦可以預備我去明白，面前與我溝通的人是他自己——獨立於我、我心目中的他，甚至我從前認識的他以外。

2. 除了愛之外，撇除一切慾求可有助於對話。除了愛以外，其他的慾求會妨礙對話。即使是滿懷好意幫助人，或刻意要成為一個好的聆聽者，這些良善的意慾也會使人在對話的過程中分心，因為它們會鼓勵我把焦點放在自己身上。惟有愛才能讓我完全釋放自己，包括我的需求和慾望。惟有愛容讓我暫時拋開我本身的經驗和世界觀，進入關懷對象的內心深處。

正如前面提過，甚至是希望緊記或分析對方的談話內容這個基本意慾，也會打擾對話的進行。弗洛依德提醒聆聽者不要嘗試記著或分析談話內容，實在有莫大智慧。要求自己記著或甚至透徹理解內容，會使自己變得很緊張，相對而言，將注意力均分在整個談話內容，則可以對別人保持最大的開放和接納程度。

3. 心靈關顧的對話應以被關懷者的內在經驗作為焦點。心靈關顧的對話不可能依循一個嚴謹的問答大綱來進行。對話的目的，是要讓接受關懷者訴說他自己的故事，提供關懷者則透過聆聽和互動的方法來幫助對方傾訴。心靈關顧特別關注的，是故事及經驗中的內在經歷。這包括他的感受、掙扎、盼望、價值取向和慾望。也包括經歷神以及其屬靈生命的其他層面。因此，聆聽的目的是進入他的人生體驗，和嘗試從他的角度去看世界的事物。這是用同理心聆聽的最高理想。

4. 無論正談論甚麼，都要聽出隱藏在談話內容背後的屬靈含義。一般人往往誤以為基督教心靈關顧總會在談話內容中涉及宗教或明確的靈性問題。談論這方面的問題是合宜的，但卻不可以強逼。其實，無論談論甚麼話題，基督徒必須學習聆聽關懷對象的談話內容在屬靈層面上有何意義。這種識別能力乃聖靈的恩賜，因此，提供基督教心靈關顧的人必須倚靠聖靈。

5. 用尊重的態度來聆聽。基督徒對人的關懷，絕不可以失卻對接受關懷者之尊重。這尊重的基礎，在於承認別人也是按照神形象被造的人，他有其本身的價值；同時，也期望雙方的真誠溝通，會給彼此帶來學習和成長的可能。此外，這還包括要承認自己得蒙別人的允許，進入別人的內心世界，實在是一個莫大的特權。我們必須以一種尊重和謹慎的態度，進入別人這片神聖的禁地。這包括嚴禁過早作出批評。

6. 留意自己在對話中的內在感受。雖然提供關懷的一方最重要的焦點是把注意力放在關懷對象的談話內容，但與此同時，稍微留意本身的內在感受通常亦有助明白對方的感受。留意自己的內在感覺往往會得到一些相應暗示，可能有助對話的進行。例如，當你一面聆聽對方告訴你他面對極大的工作壓力，你一面留意到自己的胸口愈來愈感到緊逼，那麼，你便很可能感同身受地對他所講的「壓逼感」作出回應。又或是，當你正聆聽某人描述他的恐懼或其他痛苦的情緒，突然間你在腦海中出現一幅圖畫，是一個人捲縮成一個球體，努力爬進一個洞，而且愈縮愈入，這時，你要相信這幅從直覺而來的喻象，從它帶出你的回應。

良好的溝通不僅觸動我們的意識思維，也觸動我們的深層潛意識思維，而由此觸動我們的身軀。單單想及所聽到的東西，就能生發有效的暗示。然而，最完美的暗示，像人類最豐富的創作能力，來自叩門進入人更深層的經驗裏頭。

7. 就所談論的事情引發道德反省。提供關懷的一方最好能引發接受關懷者自行作出道德層面的反省。諸如「我不明白你怎樣判斷自己這個行為是否正確」，或「你怎樣從道德層面去處理這個問題」等提問，往往有助對方作出思考。當然，當帶出這個道德層面的討論時，要絕對小心避免流露任何批判的態度，道德反省與傳道並不相同。

8. 不要害怕提出明智的忠告、建議或提供指引。最理想的心靈關顧是要有尊重的態度，但卻不是被動或非引導性的。權威的姿態雖然在大部分(不是所有)情況下都並不合適，卻並不表示關懷的一方絕不應該提出意見、建議或提供指引。關懷者本身是真實的人，才可以有真誠的對話。

這意味被關懷的那一方也期待提供關懷者是以一個人的身分來與他溝通，而非僅是一部聆聽機器。付出自己來溝通，自必然包括在某程度上提供自己的想法和建議。

8

夢、潛意識和心靈的語言

我們在上一章指出，對話是涉及與另一個人的深層次經驗分享。要真正進入對話，在乎要預備好去聆聽和回應另一個人來自心靈的剖白——他心底裏的渴望、需求、焦慮、盼望、價值取向和信念。但甚麼是心靈的語言？我們怎可以幫助另一個人更認識自己的內心世界？

正如但以理告訴古代巴比倫王尼布甲尼撒的那樣，夢對於我們認識自己的內心世界，扮演著一個潛在的重要角色。尼布甲尼撒王造了一個夢，很想有人為他解夢。即如古時絕大部分的人一樣，他相信夢是神與人溝通的一種途徑，因此他不想錯過神向他發出的信息。問題卻在於他忘記了夢的內容。於是，他急召宮廷的解夢家，要他們把他所做的夢，連同夢的解釋告訴他。這件事當然難倒他們，因為他們只能就著別人告訴他們的夢境來加以解釋。王便下令把他們統統殺掉。希伯來人的先知但以理知悉此事，便祈求神讓他知道王的夢和夢的意義。神應允他的祈禱。但以理覲見尼布甲尼撒王，說了以下一番話：「那奧祕的

事顯明給我，並非因我的智慧勝過一切活人，乃為使王知道夢的講解和心裏的思念。」(但二30)

正如桑德福 (John Sanford) 指出，但以理用了一句説話，便能向尼布甲尼撒王講出現代深蘊心理學對夢的基本理解。[1] 他指出，夢的出現是有目的的，就是要幫助我們知曉最深層的意念。這些最深層的意念就是現代心理學所稱的潛意識。但以理那番説話，反映出他意識到潛意識的存在，以及覺察到夢是潛意識顯示本身的其中一種途徑。但以理在這裏指出了可能是深蘊心理學惟一一個有關夢的最重要見解，那就是我們在夢的背後，往往能依稀看出一個有目的、可了解的啟示性的行動。

要知曉自己最深層的意念和感受，夢並非惟一途徑。慣常地安靜反思自己的日常經驗，包括省察自己的情緒反應，和留意本身的焦慮和壓力，都可以讓我們更多明白自己的內心世界。但是，夢的出現是很獨特的，因此，在心靈關顧的對話中，它往往是一個很適合談論和很有作用的話題。不過，在直接探討夢之前，我們先反省潛意識在基督徒靈性和心理靈性整體中的位置，也許會有更大得益。

潛意識和基督徒靈性

很明顯，有時候基督徒極之懷疑潛意識，並將之視作自我一個陰暗和罪惡的部分，與我們墮落的本性等同。至於思想中的意識層面，則被視為較高層次的部分，因此也較少被罪玷污。聖經中提及人心狡詐的經文，便被用作支持這個觀念的理據。

當我們仔細研究，我們卻發現這種對潛意識的猜疑，其實主要是受啟蒙時代的思想影響——重視理性思想多於聖經教導。無論在舊約或新約，夢、異象和出神經驗都佔著重要的位置，這顯示由潛意識主導、卻源出於神的非理性經驗，也有其屬靈價值。基督教導人的內容和過程，亦顯示出對潛意識的尊重。祂提醒門徒要像小孩子，其中一個含義就是希望他們減少倚重理性，多用信心。此外，祂大量運用比喻、隱喻和吊詭說法，表明祂意識到良好的溝通往往繞過思想中的意識層面，直接與潛意識溝通。祂的召喚是一個給人心中的靈性的召喚，而並不單是頭腦的宗教。

啟蒙時代的一個重要精神標記，就是強調理性的價值，結果造成人對潛意識和它的一切產品的不信任（例如神祕經驗、直覺和魂遊象外）。這種不信任更因著弗洛依德對潛意識的看法——強調它乃是性慾和攻擊慾的所在地——而變本加厲。在這些影響下，救恩便被視為個人經過意識思考的回應、個人化的決定和行動。同樣地，基督徒的成長便變成與抑壓或釘死潛意識世界，和發展意識世界的思想、意志和行為有關。難怪在這種影響下，靈性往往在宗教的祭壇上成為犧牲品。

從神學的角度來看，將潛意識等同於罪，是相當有問題的。某些持這種看法的人，認為潛意識是人類墮落後的產品。然而，沒有任何東西是經由墮落創造的。只有神才能從無創造有。罪只能扭曲神原初的美好創造。另一些將潛意識與罪等同的人，則認為潛意識是人性中被罪污染得最嚴重的部分。這種對潛意識的看法，亦會把它視為危險和不值得信任的。但事實上，罪是一種感染人性各方面的疾病，包括意識和潛意識。罪不能局限在人性中的某一部分。

整個潛意識就跟意識部分一樣，是神的美好創造。兩者都是奇妙的禮物。意識思維帶來醒覺；潛意識部分則帶來不受意識規限的能力。

基督教信仰若失卻了潛意識的經歷，將無可避免地變得膚淺、乏味和純理性。儘管復原教的敬拜形式，儼然只規限理性和意識參與，但真正的敬拜顯然在我們的潛意識層面與我們相遇。經歷神的同在，對上主的敬畏之心，與基督那種不可思議的聯合，或是聖靈的帶領，全都涉及潛意識。我們的意識部分是如此有限，實不足以與這位偉大的神相交，或對祂作出足夠的回應。倘若我們的意識和潛意識思想皆是神所創造，祂當然會在我們心靈深處的潛意識之中，向我們說話和與我們相遇。

正確來說，我們可以把潛意識看作靈性經驗的來源，包括異象、先知預言，「微小的聲音」，和神同在的感覺。潛意識是我們與神會面的主要地方。它是一個安靜的隱密花園，祂在當中行走，嘗試與我們溝通。我們可以在意識層面思想和承認心中有關神的信念，但是，我們基本上是在潛意識層面實際經歷神，然後才將這經歷變成意識部分。儘管潛意識思維絕非與神溝通的最完美媒介，但較於其他很多方法，它仍是可取的選擇。

因此，我們不應把潛意識視為一個被過往經驗和本能慾望所控制的封閉系統，反之，它是個開放系統，獨特地接收和表達有關創造、非理性和靈性的事情。故此，它在我們的靈性生命中有著一個不可取代的作用。宗教由意識的成就，靈性則是潛意識的禮物。神呼召我們整個人來認識祂和回應祂。當我們不單只是用與意識有關的理性、命題和意志等存在模式來與神溝通，而且同時用來自潛意識的直覺、象徵性、情感和創造性等存在模式與神溝通，靈性生命一定會變得豐富起來。

潛意識與完全

潛意識不單只在我們經歷和回應神方面扮演重要的角色，它對於促進我們的健康和美好狀態也發揮了重要作用。英文字health（解作「健康」）由古老的撒克遜（Saxon）字*hal*衍生而來，英文字hale（解作「健壯」）和whole（解作「完好無損」）也是同出一源。Hello是向遇見的人祝願完好無損的問候語，這種完好無損正是健康的本質。

完好無損不單表示沒有染病的癥狀，更重要的，是指到完全的整合。身體是說明甚麼是完全的一個好例子：當其中一部分受苦，全人都痛苦。我可以說我的腿很痛，但其實我是整個人忍受痛苦，不單只是腿部。耶穌在失羊和失錢的比喻中（路十五3～10），也是要強調這點。完好無損是要求所有成員都整全和完好。要成為完全並非表示要完美，只是要完整。

我們從深蘊心理學所學到其中一個首要重點，就是除非人的潛意識得著救贖，否則人就不可能完全。弗洛依德的觀察研究亦得出相同的見解，他指出我們自由作出抉擇和行動的能力，是受著我們人格中那些在意識以外運作的因素所規限。換言之，那些有關我們自己，但我們選擇不去知道或承認的東西(亦即是我們去抑壓、否認，或用其他方法使之退回潛意識之中的東西)，正正最有能力控制我們。我們自覺在意志和行動方面所受到的束縛，也就是那些我們不願意或無法面對的事情在束縛我們。這類事情在我們裏面積壓愈多，我們愈是不願意面對它們，我們所感受的束縛就愈來愈大。

榮格對人的心理靈性成長乃是要進入潛意識和與它建立關係的看法，乃是以弗洛依德的見解作為依據，並大大將它延伸。按榮格的看法，心理靈性的美好狀態，乃需要人的意識和潛意識部分建立夥伴關係。這種夥伴的觀念可能相當嚇人，因為潛意識包含了許多暗晦的東西。我們傾向認為我們應該藉著否定它們的存在來消除自我的陰暗面。然而，這樣做只會加增它們的能力。否定內心世界的存在，不能使我們逃離它可怕的面目，卻只會使我們在它們面前愈加軟弱無能。桑德福指出：「當罪惡的存在被否定，或是當我們已經習慣了它和對它的存在不再理會，它就會獲得更大的能力。否定潛意識存在的事實，就是不去認識自己；不去認識自己，就要冒上被那些我們置諸不理的東西所控制的危險。」[2]潛意識的基本運作原理似乎是這樣：它愈能夠從意識部分把更多東西分裂出來，它就變得更加邪惡。因此，要消除自我那些應該被釘死的部分、不讓它們實現出來，最佳的方法是承認它們的存在。

當我們嘗試留意自己的夢，或是以任何形式去聆聽潛意識思想所傳遞的信息，我們將無可避免地要面對一些自己不喜歡看見的東西。我們不可能與潛意識討價還價，只看那些正面的東西，不看那些帶來負面感受的東西。這正是為何我們需要鼓起勇氣，才能對本身的潛意識進行探視。然而，它始終是一個完整的人所不可缺少的部分。

與潛意識建立關係的目的，是為了把那些已經失落的東西重新找回，把那些停留在不完全狀態的東西重新修復，以及把任何真正邪惡或有罪的東西徹底清除。但是，除非我們親自面對潛意識之中那些邪惡或有罪的東西，否則，我們便不能確定它們的性質。不少在內心世界的黑暗陰影中看似醜惡的東西，當暴露在日光之下，卻顯出相當不同的面貌。為了看來更為和善而與其他人格割斷的分裂人格，需要被帶到意識層面，與現今已然修復的人格其他部分重新連結，同時還要思考它與其他部分之間的關係。「將某些事情變成意識部分是一種救贖的行動。救贖表示要將某些東西由不完美的狀態挽回到完美狀態。」[3]藉著神的恩典和幫助，透過鼓勵聆聽潛意識所發出的信息，這正是我們想做的。

在心靈關顧中探討夢

在我們開始學習聆聽我們的潛意識和它向我們發出的信息之當兒，儘管夢並非惟一途徑，但卻是我們最常接觸的途徑。我們全部睡眠時間之中約有四分一會用來做夢。這相當於每晚八小時的睡眠中，平均做夢的時間有兩小時。

倘若我們留心夢所提供的信息，我們可擁有何等豐富的內心世界的資料！

學習聆聽夢的信息，以促進心理靈性成長，就正如學習其他任何技巧一樣——需要練習和操練。有關夢的理論和解夢技巧的著作多不勝數，[4]當中有不少是專為基督徒靈性成長而寫。[5]但正如閱讀書本並非學習外語的最佳方法，閱讀書本亦非學習心靈語言的最佳方法。對大多數人來說，他們學習處理夢的方法，是要跟其他有處理夢境經驗的人談論他們的夢。

在關懷別人的對話過程中，通常會在鼓勵接受關懷者養成寫日誌的習慣時首次談及夢。留意心靈的信息，其中一個最容易的方法，就是寫日誌。這與用詞淺白、注重外在事務的日記不同。若要有助心理靈性成長，寫日誌時，就必須將焦點集中於內在生命，即是有關感受、幻想、反應、直覺、漫無目的之思想、有問題的態度或行為，和迷惘的感覺等。寫這種日誌讓我們開始建立恆常默想和反思日常事情的操練，同時，恆常寫日誌，亦為我們提供了思想自己的夢的機會。

日誌未必一定要每天寫。雖然有些人很容易適應這種要求高度紀律的方式，但另一些人卻發覺自己不可能每天都寫。我們應該要求人按其生活節奏和本身能夠應付的能力，去建立一個有規律地反省和書寫的習慣。典型的起步方式，就是買一本硬皮簿或在電腦開一個檔案記錄日誌的內容。這是給潛意識一個信號，表示自己已定意認真處理內心世界的問題。當有時間反省時，便應將內容記錄在案。那些有劃定時間讀經或祈禱的人，通常會發覺這段時間也是寫日誌的最理想時間。然而，重點不是在於幾時去做這件工作，或多久要做一次，而是在於要去做。真正嘗試去寫日誌的人，幾乎總會在心理靈性的成長上獲得豐厚的回報。

日誌的內容可以很廣泛。有些人同時記下自己的讀經心得，另一些人則寫下自己的禱文。有的會有系統地對前幾天的經驗作出反省，也有的會較側重對未來幾天的期望。有些人喜歡檢視自己的心境和情緒；另一些人則集中檢討自己的反應和行為。有的會寫下在反省過程中與自我的對話；而有的卻主要用日誌來記錄和檢視自己的夢。最重要的，是我們在禱告的心態下進行反省和記錄，並明白到這練習乃自我與神之間的對話。無可置疑地，在這框架內探討夢，最能叫心理靈性成長。除此以外，日誌的內容還可以有很多自由發揮的空間。

解夢的原則

各別不同學派對夢的處理有很大的分別，因此不同學派的支持者在對於這方面的意見也有很大的分歧。弗洛依德的支持者會努力尋找潛意識出現衝突的證據，榮格的支持者則致力找出人格中未開發的部分，以及從集體潛意識的智慧中尋求生活的指引。阿德勒的支持者會為自卑的感覺尋找補償，而對象關係理論的支持者則會找出重要他者投射在內心的形象，儘管它已成為有問題的自我分裂。因此，一個人對夢的理念，將影響他解夢的方式。

儘管至目前為止，還沒有一套有關夢的整全理論，但對於解夢的基本原則和方法，卻有一般的共識。在探討這些方法之前，我們先要指出，基督教心靈關顧的對話中，要借助夢境，有八個基本原則。

1. 接受夢是從神而來的一份禮物。這包括幾個重點：首先，是用感恩和期待的心情來接受夢。這表示我們應把夢視為某些有價值、有意義和為我們的好處而給予我們的東西。一位佚名的猶太拉比曾經表示，他會把一個未剖析的夢看為一封未開啟的信。這正巧妙地捕捉了夢的意義。倘若它是一種溝通，我們應該期待它的出現，把它視為一份禮物。

當然，倘若我們考慮到這份禮物可能是從神而來，它的重要性就更大。在十八世紀之前，幾乎沒有人會認真地懷疑這點。當時的人均認同夢是帶有靈性層面的意義，他們認為夢給他們的信息，一就是預言將來，一就是指出過去或現在有某些地方需要他們留意。接受夢是從神而來，不一定表示我們要把它直接理解為神的聲音。我們可以把那些在潛意識中留下深刻烙印的夢，理解為有關內心世界的信息與生活經驗片段的組合，神為了我們的好處而將它們塑造為一種溝通的信息。換句話說，與其認為夢是來自自我某個非人格部分，不如把夢看為是出自神的賜予。一切美善的恩賜都是從神而來，那麼，經由潛意識而傳給我們的信息，為何不可以從神而來？

倘若我們相信神是那麼渴望與我們溝通，遠超過我們要與祂溝通的意慾(這是基督教福音的一個重點)；倘若我們肯定祂擁有掌管祂一切創造的主權，包括我們的潛意識，那麼，我們便應該相信神可以透過我們的夢與我們說話。不過，我們不應該假定夢境可以取代神與我們溝通的其他方式，包括祂的話語、教會的聖禮或祈禱。但夢卻將神與我們的溝通個人化，藉此幫助我們認識自己及成長。

從這種方式去看，我們可以把夢視為神賜予人的一份禮物，目的是藉著它來幫助我們知道但以理所稱的「心裏的思念」(但二30)。因此夢是神幫助我們認識自己的一個途徑。我們亦可以透過其他途徑來認識自己，包括我們與別人的關係，反省我們的行為及反應，以及安靜默想聖經的話語，但夢卻發揮補足的作用，它們帶來神給我們的個人化信息，並烙印在我們的潛意識之中。

2. 承認有某些夢是特別值得關注和帶來較大的益處。 從效益的角度看，夢可以有極大的差別。有些夢只是「重播」日間所發生的事情。例如，我可能夢見自己在課堂授課，或夢見自己在約會中遲到。但即使如此，假若某一個或更多的重要細節與日間的現實有很大差異，這類夢仍可以具有重要意義。另一些夢可能對日間發生的事情提供多一種看法，因此便加增其重要性。例如，我可能覺得這次自己的備課已經很充足，但是，卻夢見自己忘了預備筆記和毫無準備。類似的夢顯示了一個相當清晰的信息，就是生活當中有某些重要層面可能未有得著充分的關注。桑德福形容這些夢是「每天的內務整理」，他認為它們的信息即使相對地明顯，通常也未必具有深遠意義，但卻包含某種智慧，使我們的生活更有重心。[6]

最值得處理和帶來最大益處的夢，是那些由潛意識塑造出來的夢。它們通常會在我們將要睡醒的時候出現，而且比一般的夢長。它們亦往往帶著強烈的感受。特別是驚異、敬畏、恐懼和深感平安，乃重要的夢之指標，不過任何強烈的感受都是重要的，值得我們重視。在造夢者睡醒後，夢中的感受仍久久不散的話，這便顯示出那就是一個非常重要的夢。

最意義深遠的夢，是那些與現實不符或令人困惑的夢，夢見人在天空飛翔、動物會說話、神話中的活物、巨人、天外來客，或任何不是來自日常生活的東西，均顯示那夢是出自最深層的潛意識。這些夢通常都充滿心靈能量(psychic energy)。有時，它們被稱為「異夢」，因為在某程度來說，它們帶有某獨立的屬靈現實本質，那是超越我們的人性本質的。最明顯的異夢是那些涉及與神或祂的使者直接溝通的夢。與這些夢一同出現的，往往是一種極深和令人震撼的驚異或敬畏的感覺。那種歷歷在目的真實感覺往往會縈繞持續一生。

一個年近五十歲的婦人復述一個她在十一歲那年做過的夢，其細緻程度仿如昨晚的事：她在夢中看見自己走到街上，行近一座宏偉的大教堂。突然間，教堂背後的天空整片捲起來，連她也被捲進天堂。在那裏她看見一幅有馬利亞、約瑟和耶穌的景像，耶穌跟她說話，同時邀請她與他們一起談話。在這個經歷當中，她深深地感到自己充滿了敬畏和蒙福的感覺。即使她現在已是成人，這經歷一直使她感到自己在神眼中有著獨特的價值。

另一個例子，一名男子記述自己某天正在工廠做著沉悶的工作，把做完的製成品放在運輸帶上。沿著運輸帶望過去，他看見一個用灰色石塊造成的長方形通道開口，開口上面除了一塊寫著「專心工作」的標誌牌之外，就甚麼也沒有。突然間，他聽見有人呼喚他的名字，他回頭看見一幅柔軟潔白的布簾，如波浪般從天而降，鋪天蓋地，從左至右，一直伸展至看不到盡頭。接著，那聲音再次呼喚他的名字，還邀請他提起那幅布簾進入裏面。他依照吩咐去做，眼前立即出現一個巨型的宴會廳，坐滿了吃喝玩樂的人。耶穌就在大廳的前端，伸出雙手，呼喚他前去一個僅餘的空位就座。當他看見座位上竟有自己的名字，他立時充滿了說不出的喜樂，和一種前所未有的平和感覺。

類似的異夢時常與人生的重大改變有關，而且，從此帶來信仰上的皈依也並非不常見。一直從事販賣奴隸生意的紐頓約翰(John Newton)，祂的信主經過便是一個最佳例子。有一次，紐頓在夢中看見自己在一艘駛往威尼斯的船中。突然間，有一個陌生人走到他的面前，遞給他一枚指環，告訴他只要好好保管這枚指環，他的一生將充滿喜樂。紐頓滿心歡喜地收下這份禮物，一直好好將它保存，直至有一位朋友嘲笑他迷信，於是，他便把指環丟進大海。但立時間，他看見岸邊正燒著熊熊烈火，他直覺地知道自己將葬身火海。他非常後悔自己棄掉了那指環，呆望著海中那處指環沉下去的地方。突然間，有人站在他旁邊，問他為何那麼悲傷。他向這位陌生人細說了自己如何獲得那枚指環，和如何愚蠢地把它拋掉。當下，那位陌生人便跳進海裏，沉入海底，不久便拿著指環浮起來。紐頓要求那人把指環交還給他，但那人卻回答說：「我會為你保管。以後每當你需要指環的能力，你只需記著我永遠在你身旁。」

自此之後，紐頓一直把這個夢視為他人生之中最重要的事件。他指出，當他夢醒之後，他感到自己剛才好像險些葬身火海，幸好有一塊浮木來救了他。這個夢為他的一生帶來了翻天覆地的改變：他放棄了販賣奴隸的生意，不再做船長的工作，後來更成為了聖公會的牧師，而且，他還寫了一首永垂不朽的詩歌：《奇異恩典》。[7]

3. 明白到在神的幫助下，最能識別夢的意義的是造夢者本人。許多時候，當我們處理夢的時候，往往是一人聆聽另一人的夢，然後直接把他認為的含義宣告出來。即使在某些情況下這是恰當的做法，但這種權威性的處理方式，卻不符合第七章展示的對話理想。當夢的處理成為心靈關顧的一部分，最理想的做法是假定造夢者本身正是判別夢的意義的最佳人選。這並不表示別人在這件事上毫無作用。單是把夢告訴別人這個過程本身，很多時候也會讓當事人從其他不同的角度去看同一個夢，而別人作出有限的提問，也可能有助當事人考慮到其他可能性。不過，夢始終屬於造夢者，在處理夢的時候，把它視作當事人與神之間的溝通似乎是最安全的做法。

這意味著我們應鼓勵造夢者以與神對話的心態來思考夢的意思，以及安靜等候神幫助他聆聽神的信息，如果神真是想透過它來向他説話的話。我們無須急於判斷夢的含義。造夢者只需保持一種安靜思想和等候神的心態，期待神親自光照，顯明祂所賜予信息的含義。

肯定造夢者本人最終是解夢的最佳人選，亦暗示了那些藥單式解夢書於解析夢境一事上毫無用處。儘管夢中的某些象徵表面上可能帶有某些具體含意，但讓造夢者本人運用最終解釋權始終是最有用的方法。雖然有些象徵可能經常出現於神話故事、神話傳説或傳統習俗中，但對造夢者來説卻完全陌生。提出一些可能的含意，或指出進一步探索這些可能性的方法，相信會對當事人有所幫助，但權威地翻譯夢境的象徵這種做法卻未必合用。夢是神讓造夢者受惠的恩賜。因此，在處理夢的時候，必須從這個角度入手，並且讓造夢者真正得益。

4. 把夢視作提出問題，而非給予答案、建議或預言啟示。在各種對夢境存不同想法的主流思想之間，這原則正正戳入了相異之處的中心。

有些人把夢視為預言啟示。例如，夢見婚禮，就解釋為某個熟悉的人快將結婚；倘若夢見意外或喪禮，則意味著某些不幸的事情、甚或是死亡將至。我們很容易會指出這是迷信的看法。然而，為數極多的人——當中包括受過高等教育和學識水平高於一般以上的人——都承認自己曾經把類似的夢視為一種超感預知的方式，認為夢見的事情不久將會成真。

另一個更常見的解夢方式，就是夢是要給予生活的某方面提供指示。如此這種看法，當某人正要在兩份工作之間作出抉擇，他若夢見夢中的主角選擇了其中一份，他就會把夢理解為如何選擇工作的指示。又或是，一個極之崇尚物質消費的人，若夢見一個人過著非常簡樸的生活，就可能會認為那夢是要提醒自己改變生活方式。

與上述兩種方式相反，筆者認為最有用的方式，是把夢視為提出一個關於自我的問題。以這種較為保守的方式去理解，夢就是指出一些我們需要思考或反省的東西的介面。因此，夢見戰爭會提出這樣的問題：「我正面對甚麼內在敵人？」或「誰令我感到受威脅，或是我對誰人懷恨在心？」同樣地，夢見自己往下跌的夢境，背後要提出的問題是：「甚麼事情是我害怕失去控制的？」，或是「我生命中有哪個地方是失去控制的？」據此取向，我們在處理夢的時候，不再著力找出夢的含義，而是思考夢所提出的問題。

5. 將夢視為一個比喻。這種取向儘管不可以幫助我們找到夢的惟一真正含義，卻有助我們辨別夢的基本重點或問題。把夢看作比喻，那麼，夢境縱有許多令人困惑的細節，但總有一個整體主題。要是我們把比喻中的每一細節都化解為一個含義，就未免過分重視字面解釋。比喻就像夢一樣，基本上只提出一個重點。

夢就如比喻一樣，是一種一開始很容易惹起爭論，有時甚至造成困擾的溝通方式。它們不是單單提供資料的被動溝通方式；反之，它們歡迎人的參與。夢和比喻給人的回報，均與人對它們所投資的關注和探知的努力成正比。

把夢看作比喻，可以幫助造夢者不會過分直解夢的意思。夢不是以密碼巧妙地隱藏起來的神祕信息，以致碰巧遇見它的人不可以即時找出它的真正含義。反之，夢是人在經歷中與自我相遇的故事，讓人透過思考獲得重要的信息。這就是夢和比喻的目的。它們吸引人進入故事當中，直至突然之間，它們的信息會變得相當明顯，而且這信息通常也十分簡單。

6. 要特別留意重複出現的夢。人們有時會擔心，假若自己忽略了某個夢的重要意義，他們將會永遠失去有關的信息。然而，情況卻非如此。倘若神選擇藉著夢與我們溝通，祂似乎會不厭其煩地不斷重複，直至我們明白為止。只要我們仔細思考，我們將發現夢的整體主題很多時候都會重複。因此，特別留意這些重複的主題便極為重要，不論是在同一個夢裏重複，還是一夜之間夢與夢之間重複。當然，從一段長時期所做的夢中，反省夢境的相同之處，亦是十分重要。

在一個探討夢的工作坊中，一位參加者指出她突然意識到她前幾晚所做的一個夢包含了一些重要的元素，這些元素在最近的夢境也出現過。在前幾晚的那個夢中，她夢見自己置身在一個圖書館裏，書架上的書本突然之間傾倒在她身上。在她驚魂甫定之後，發覺書本堆至她的腰際，令她動彈不得。當她一覺醒來一再思想夢境，她終於記起自己在幾天前也曾夢見過書本和圖書館，而且，類似的夢境她依稀記得至少出現過兩次。她一直沒有把這個重複出現的夢境放在心上，直至她開始了解到重複出現的夢境是要吸引我們的注意力這個原則，她才開始探索這些夢所帶出的問題。她首先確認書本是代表她對知識的熱愛，以及她在追求知識方面所投資的全副精神。書本掉落在她身上的情景，和在另一個夢中夢見自己一個晚宴中把書本吃掉，然後又嘔吐出來的景象，驅使她去問自己：「我是如何將自己隱藏在知識和不同觀念的背後？」和「為了追求學問，我出賣了自己的靈魂，這是否值得？」對她來説，這是她一個重要探索的開始——直至她最終留意到夢中重複出現的景象是要催化她的成長。

7. 明白到夢中出現的人與物，通常最好理解為代表自我的再現。大多數人至少都會間中夢見朋友和家人。然而，夢始終源出於我，把它看作關乎我自己的事，而非別人的事，相信是最有效的理解方法。按照對象關係理論的角度來看，重要的他者在我們內心處所形成的形象，實際上已成為我們自我的一部分。[8]從最低限度而言，這表示我在夢中見到的父親，並非現實中的那位父親，而是在我心目中的那位父親。他在我夢中出現，很可能是要告訴我有關我自己的事情。若從現實中那位父親而言，那最可能的就是告訴我有關我與父親關係的經歷。

同樣地，所有在我夢中出現的人與物，都是出自我的內裏，較多反映我自己，而反映明顯關乎我那現實世界中的人或物的機會則較小。因此，夢見與一位朋友打架，在某一層次來看，可能是反映近來與他出現過的衝突，或預感快將與他發生衝突，但在一個更深的層次來看，給我最大得益的還是把它視為提醒有關我自己的實況。夢中發生打鬥的雙方都是我的一部分，是我促成他們的互動反應的。

從這個角度來看，夢見一位專橫的上司，可能是要提醒我反省自我當中喜歡作主的部分；至於夢見一位無知和充滿恐懼的小孩，則是引領我去反省自我那個充滿無知和恐懼的部分。只要仔細思想，夢會不時邀請我們對這些部分作類似的反省，包括我們的陽性和陰性部分、欺詐的部分、愛玩的部分、誘人的部分、喜愛被虐待的部分、自戀的部分、浮誇的部分、爭競的部分，和喜歡自我表現的部分。對於我們的思想尋找合適形象來代表我們自我各別部分的創作能力，我們實在不可低估。隱藏在人類那些豐富多采得令人難以置信的夢境背後，是一個更為複雜和多樣化的自我。

8. 在基督徒的羣體和秩序當中，進行夢的分析。處理夢的過程要求人有判別能力。夢帶領我們去認識自我之中那些迷失或未被發展的部分，它們均有待我們的整合；而某些邪惡或有罪成分亦需要我們去清除。當中所牽涉的判別能力，突顯了我們必須充分得著基督徒生命中各種資源的裝備，才能適當地處理夢。我們最理想是以一種禱告的心態來處理夢，同時，亦不可與羣體敬拜、守聖禮和讀經生活分割。若是在基督教心靈關顧中進行夢的探討，則另一位基督徒便可提供靈性的引導，作為補足。雖然這種關係有時會被稱作靈性指導，但真正提供指引的，永遠是聖靈本身。靈友只是在靈程路上結伴同行的知交。

解夢的技巧

在事前準備方面，首先是在我們臨睡之前向神表明我們歡迎祂選擇以任何方式向我們說話，而且無論祂說甚麼，我們都甘心樂意地聆聽。正如孩童撒母耳在睡夢中聽見神的呼喚，卻誤以為是先知以利叫他，同樣地，我們在睡夢中也經常認不出是神的聲音在跟我們說話。撒母耳那句：「請說，僕人敬聽」(撒上三10)，可以成為我們睡前的禱告。在既沒有止息祂的愛，同時也沒有停止祂的啟示的神面前，我們可以藉禱告將睡眠和渴望祂向我們說話的心交上。

此外，在床前擺放好筆記簿和筆，也是願意接受神會藉著夢向我們溝通的準備。由於夢很快便會在我們的記憶中消失，所以，我們必須在一覺醒來時，盡快把夢記下。在床邊放好筆記簿和筆，是表示你真正渴望聆聽和遵行神的說話。

倘若一個未經深思的夢可以比作一封還未開啟的信，那麼，對夢進行分析的過程，便可以相像為把信拆開，細讀當中的內容，和思考它向我所傳達的信息。進行分析的方法可以有很多種。我們將會集中討論似乎是最適合用在基督徒關懷工作中的幾種技巧。[9]首三種是最基本的技巧，首次嘗試學習解夢的人都應該以之作為起步點。大多數人在嘗試後都立即肯定它們的用途，而且，許多人都極之忠於這些技巧，不作他想。不過，我們仍然會簡略了解另外幾個較為進深的技巧。

基本技巧

1. 在一覺醒來之後，立即把記憶猶新的夢記下來。盡量詳盡地把夢境記下，是分析夢的第一步，也是最必要的一步。這個記錄便成了其後各個步驟的重要依據。在記錄的過程中，無須思考夢的含義，只需盡量詳盡地記下夢中的景象、行為、反應、思想、感受、對話、人物、性格的發展、態度、顏色、聲音和感官經驗。我們要迅速把夢記下，無須顧慮到文法、錯字或標點符號。夢中出現過的東西，凡是記得的都要記下，不作任何刪減或修飾。做夢的日期亦必須記下。

把夢記錄下來之後，你還要寫下你醒來之後的反應。這包括帶進意識層面的感覺、因著那夢境而即時產生的問題、第一時間聯想到的任何東西，以及任何的即時反應，都要記下。這還未是對夢正式進行分析的時候。不過，這些即時反應卻往往有助後來的分析，而且，我們若不立即記下，通常便會很快忘掉。

以下是一個記錄夢的參考例子，我們在進一步探討其他技巧時，亦會繼續採用這個例子。

夢的記錄：

我夢見自己正在步向一間房子，那顯然是我剛剛購置的。它是一所建於十九世紀末的維多利亞式樓房，有寬闊

的走廊、塔樓、山牆，和非常有趣的屋頂輪廓線。踏進屋內，我立時被一座很大的環形樓梯、紅木地板和特別高的天花板所吸引。我的眼睛望向天花板的燈飾和房間的頂部。然後我留意到每個房間的天花板下面都有一排窗。我認為這有點兒古老，不過亦欣賞它們能讓光線透進來。不知是何原因，那高高的天花板特別令我感到興奮，我一直望著它。我巡視每一間房，發現前屋主留下了許多衣服，而且都是衣料上乘和保存簇新的。我立即想到當中有許多是合我穿的。然後我注意到每個房間的窗子全都打開，讓怡人的清風通透全屋。

反應：

夢醒之後，仍然感到興奮。令我詫異的是，雖然我一直喜歡新式的房子和新鮮的事物，我竟然會如此喜愛一座古老的房子。夢中最吸引我的，是那些高高的天花板和光線。這夢一方面令人感到很歡暢，但亦勾起人的好奇心。

2. 在適合用來反省的第一時間，為夢起一個名稱，和找出它的主題、感覺和因夢境而產生的主要問題。這四方面的技巧(英文簡稱是TTAQ，即Title、Theme、Affect和Question)，也許便是分析夢的一個最有效技巧。很多人只需把夢記錄下來和進行這四方面的探討，便完成了整個分析夢的工作。這些程序本身會帶來極其豐厚的回報。

第一步，是為你的夢命名。這幫助你集中思考其要旨，也方便你將來參照提及它。嘗試把你的夢想像為一幅掛在畫廊中的畫，以藝術家的身分給它一個的名稱。假如你覺得很難想出一個合適的名稱，那麼，你可以在夢中找尋線索，或是求神幫助你為祂的禮物命名。

然後，找出夢的主題。這相當於為「這個夢主要關乎甚麼」找出答案。倘若你發現同時有幾個主題，你可按著它們在夢中出現的次序逐一列出來。之後，你可再一次思考這幾個主題背後是否有一個概括的主題。同樣，不要忘記利用這個機會來求神幫助你找出其主旨。

找出夢境整體主要表達的感覺，這通常是四個要求當中最容易辦到的。有時可能會全無感受，但大多數夢境都會引起我們的某些感覺。夢中你最能認出身分的主要人物有甚麼感覺？其他人物有甚麼感覺？或是他們的行為表達了甚麼感覺？當你一覺醒來時，你有甚麼感覺？

最後要問的是，夢境要向你提出甚麼問題？這技巧的原創者提議你，以「彷彿有一位朋友向你提出一個有意義的問題那樣，去聆聽你的夢。」[10]同樣，不要急於提供答案，切記要仔細反思，同時直接求問神祂想引導你留意甚麼。

前述那個有關進入古老大屋，當事人對房子高高的天花板和光線充足的房間特別留意的夢，經這四方面的練習，得出以下的結果：

名稱：*探索我新買的古老大屋*

主題：*舊有物中仍能有嶄新的發現*

感覺：*興奮、好奇、明亮*

問題：

- *我的自我中有哪些新的部分是有待我去發現，以致有可能叫我興奮起來，同時還可提升我生命中的天花板，讓新的亮光和新鮮空氣得以進入？*
- *我的生命中有哪些舊有而熟悉的東西，卻有提供新的生命力之可能性？*
- *我有棄舊用新的習慣，對新鮮的東西、新發明總是趨之若鶩。我有沒有忽略了舊有的某些東西？舊有傳統中的某些東西？或是人生中某些過往的東西？*

3. 藉禱告、讀經和反省來思考夢所引發的問題。以禱告的心來思考夢的主題和夢所引發的問題，正是分析夢的核心部分。如今，夢已被記錄下來，思考的過程便再無時間限制。對某些特別豐富的夢境反複思考，乃是常見的情況。重複思考往往會想出新的問題，亦增加找出夢的含意之可能性。當人回想過往的夢，他便有可能找出夢與夢之間重複出現的主題和問題。

將讀經生活與思考夢所引發的問題互相結合，亦大大有助分析的工作。這種主題式的研經方式，充分顯示出聖經包含了豐富的心理學，和對應我們內心問題的適切性，這是我們在聽道或進行一般小組查經時往往體驗不到的。有關失去的傷痛、怒氣的處理、控制自我和別人、畏懼親密關係、直覺的可靠性、理性的限制、發現和實現最真實的自我，以及放下一切的可能能性等廣泛主題，我們都可以透過查考聖經來深入探討。

與一位可信任的好友談論夢所引發的問題和主題，對於找出夢的意義也有一定的幫助。當然，在我們一直談及的心靈關顧關係中便可找到這方面的支援。個人即使藉著禱告和思考也想不明的事情，有時只需與別人稍作談論便會豁然清晰。

初步反思的結果

禱告和思考進一步引證我最初的印象，我那個夢是關乎在我人生經驗中，某些已成過去、過往被忽略和不被重視的部分，其實蘊含著有新的發現之可能性。我的思考重點，一直環繞著我所承襲的宗教傳統當中，那些我已經拋棄，卻需要贖回的部分。我發現有某些東西，是我在去其糟粕的同時，也丟掉了精華。

當我為這些東西禱告的時候，我突然想到我可以查考聖經中有關記念往事的經文。我發現古代希伯來人清楚明白，回憶過往對於尋找本身的身分非常重要，這點對我有很大的提醒。我承認我一直以來都非常努力地建立自己的身分，就好像用最新的材料建造一所新式的房子。然而，新式的房子卻往往欠缺古老房屋的典雅和優美。我祈求神繼續向我顯明，我生命中有哪些舊有的東西是需要祂的贖回。

進深的技巧

進深的技巧最好是在完成前面三個基本技巧之後才運用。直接應用它們不會帶來任何危險，可是，除非我們對於基本技巧掌握得相當純熟，否則，進深的技巧往往會分散我們的注意力，多過幫助我們有效地進行分析。當我們經過前三個步驟的分析後，以下的技巧將有助我們更豐富地了解夢的含義。

4. 仔細留意夢的細節，記下你對每個重要象徵的聯想。直至目前為止，除了明顯的主題和大體的問題外，我們一直沒有處理細節。這正是把夢當作比喻來看待的意思。但是，只要在記錄夢的時候也有把細節記下，在重點式而大略的解釋之後，也是檢視其細節的時候了。檢視細節的目的並非在於解釋每個細節，只是留意它們，容讓它們自成一個故事，或是改變我對夢的主題或它所引發的問題之原來想法。然後，讓你對夢中的主要象徵作隨意的聯想。我們繼續用同一個夢境來舉例說明：

主要象徵	*細節*	*聯想*
房子	*十九世紀末的維多利亞式，寬闊的走廊、塔樓、山牆、有趣的屋頂、環形樓梯、紅木地板、高高的天花板、天花板下有一排排窗戶，怡人的清風*	*房子=自我 很多房間=自我的很多部分；這座特別的房子令我想起一座細小的城堡——某些結構美麗、優美和典雅的東西；高高的天花板和光線暗示有無限擴展的可能性；清風意味著溫暖和滋養人心。整的而言，這房子讓人有一個奇妙的生活空間——予人有發現、成長和充實的機會。*
衣服	*質料上乘、保存完好，可能合穿*	*被前主人所棄置，但明顯是所值不菲。我敢於取而用之，據為己有嗎？*

5. 找出和特別留意你在夢中的自我。正如早前提過，最有用的解夢方式，是把夢中的每一部分想像為自我的某些部分的反映。但最值得留意的，是在每個夢中通常都會出現的那個部分——自我(ego)。正如一般所理解的，自我乃是我之中那個自覺、負責做決定和執行指令的部分。自我被設定要負起協調內在和外在要求的責任。因著此等責任，自我便被設定對於夢的形成扮演著一個重要角色。故此，我們幾乎可以在每一個夢中覺察到它的存在。

夢中的自我是夢境中的人物之一或夢境中的數個人物，他化身的往往是感覺與造夢者最為近似，或是做夢者最能認同的那個人。夢中的自我可以跟造夢者本身有同一或不同的性別、年齡或種族，甚至可能是一隻動物或一棵植物。但類似的偽裝很容易造夢者識別；造夢者通常有能力在其中一個(間中或有多個)象徵中間認出他自己。仔細分析夢中那個自我的態度、選擇、行為和反應，對於明白造夢者本人的內心世界，和邁向心理靈性成長將有莫大的幫助。

特別要留意夢中那個自我，與造夢者醒來之後的那個自我有何分別。找出之後，反問自己是否喜歡夢中那個自我的行為表現。再反問是否值得考慮採納夢中那個我的生存方式。然後祈求神讓你明白，祂想透過夢中那個自我的行為向你傳達甚麼信息。

夢中自我的行為：

我很容易認出夢中的自我。他與我只有一個重要的分別：他走路的方式比我慢得多，而且似乎更能全心全意地

享受那所房子。對比之下，我似乎總是急於到另一個地方，在這個房間逗留不到一會兒，便又轉往另一個房間。夢中的自我不論是走近房子，還是在房子裏頭都很從容，不論是走向那所房子或在房子裏瀏覽，他都是那麼慢條斯理。這個發現似乎向我暗示了一個有趣的邀請——停下來，嗅嗅周圍的花香，無論是置身在外面或內心的世界，我都可以駐足停留和探索。

6. 想像自己與夢中的自我交談。幾乎每一個人都知道甚麼叫做與自己談話。有些人會經常這樣做，甚至連別人也聽得見。這種內心的對話是絕對沒有半點不正常的。事實上，它不單只是正常的行為，還具有改變人的能力。

只有兩種情況會使到這種內心的交談變成病態。第一種情況，是交談的聲音完全淹沒了外界的信息。在這情況下，當事人內心完全一片茫然，失去了與外界溝通的能力。在某幾種精神病的病患者身上，這情況非常明顯。第二種情況，是當事人與自己的交談內容，對他在外面世界所發揮的功能造成了負面影響。例如：「再嘗試也沒有用，無論如何，你都想再嚐失敗的滋味嗎？」或「事到如今，事情已無可救藥」等負面和自我指導的説話，通常是人面對挫折時常有的感受，但是再重複對自己説這種話，卻必然會令自己更意志消沉，一蹶不振。若能把這類消極的説話變成較為正面的説話(例如：「其實，你並非一無所長，也不是沒有人喜歡你。試想想你曾經⋯⋯」)，往往會大大改善你的情緒，和提升你面對挫折的能力。

這種內心交談，跟人與夢中的自我交談，本質上並無分別。兩者均涉及自我之間的不同部分，通過想像來互相交談。因此，兩者都要運用人的想像力。夢中的自我不會像一個真正的人那樣說話或回答問題。但無論如何，這種談話也可以很有作用。

人與夢中自我的對話，與自己跟自己說話的惟一明顯分別，在於前者較少受理性控制。這提供了一個相對較大的空間讓想像自由發揮。在典型的內心交談中，人傾向會思考自我不同部分會對不同情況的考慮。(「一方面，我喜歡……，但另一方面，我又真的喜歡……」)。與夢中的自我對話，可容讓我的其他部分為自己發言，亦即是，提出它本身的答案。

儘管這答案是來自想像，卻不會減少其價值。當聖女貞德在異端審判台前接受審訊，被問到她聲稱所聽到神的聲音，是否並非出自她的想像；她直截了當地回答，那當然是出自她的想像，因為人還能怎樣聽到神的聲音？[11]正如我們的夢在我們的想像中出現，但仍有可能帶著神的信息；同樣的，我們可以在想像中與夢中的人物對話，卻同時有神的帶領。

雅各與神摔交的例子，正好說明了與夢中那個自我對話的許多原則。根據創世記三十二章的記載，雅各正在上路回家見他的兄長以掃——自從雅各為了騙取長子的祝福而背叛兄長之後，兩人便一直分開，不曾見面。在雅各抵家前的那個晚上，他打發家人與僕婢走到前頭，自己則打算獨自過夜。就在那個晚上，神在異象中向他顯現，他與神一直摔交至黎明。到了異象的結尾，我們發現一段有趣的交談。神叫雅各放開祂，因為天快亮了。但雅各卻不肯，除非神肯給他祝福。雅各認為這位夜間訪客一定有甚麼東西準備要給他，所以，除非他獲得祂的禮物，否則便不肯放對方走。神接受了這個條件，給雅各起了一個新的名字，叫以色列，於是雅各便放祂走。

倘若我們把夢中的人物理解為神派來把福氣賜給我們的使者，那麼，我們應該同樣準備好與他們摔交，不讓他們離開，除非我們獲得他們所帶來的禮物。這正是與夢中人物交談的基本原則。

我們最好以禱告來開始這個談話過程。然後可以問夢中的自我，他帶了甚麼禮物送給我們，或是想向我提出甚麼意見，或更簡單的，是為何在夢中出現。以下是進行這種談話的其中一種方式：

夢醒的自我（醒）和夢中的自我（夢）之間的對話

醒：在夢中我留意到你非常慢條斯理地探索房子的四周，完全沒有半點匆忙要到另一個地方的感覺。這是否提醒我要學些甚麼？

夢：這是值得你去思想的其中一點，你還有留意到我其他的表現嗎？

醒：坦白講，我好像沒有注意到其他甚麼。

夢：你嘗試把你看見我在夢中的樣子描繪出來。你留意到甚麼？

醒：我很難描繪得清楚，不過，你好像總是向上望。

夢：不錯，還有呢？

醒：你似乎很懂得運用你的感官觸覺，例如注視光線，感受到微風的吹拂及和暖的空氣等。

夢：但你仍忽略了我一個最明顯的表現。

醒：是否指你對那間古老大屋滿是欣賞。

夢：對了。

醒：那我可以從中學到甚麼？

夢：直至目前為止，你學到甚麼？

醒：唔，也許我應該對我生命中一直被忽略的傳統再重新檢視一番。它們可能隱藏了珍貴的價值。

夢：這是一個重要的發現。不過，我在夢中發現的不完全是古老的東西，它是一所房子和一批衣服。繼續在這方面揣摩一下。

這次談話的結果，驅使我要對房子和衣服的聯想繼續進一步思考。

房子	*衣服*
房子是人居住的地方；是人的私人空間。對我來說，房子就是一座堡壘——一個避難所、一個防禦敵人的城堡、一個休養生息的地方。	*衣服是要見人時穿上的，它代表了我們如何向別人展示自我。我的衣服就是那個公開的我。*
古老房子	***舊衣服***
一間古老的房子就像我自少成長所住的那間屋。它總是擠滿了人，但卻又有足夠的地方作私人空間。	*舊衣服是與人相交的一種較為謙卑的方式。減少妝飾，也許代表花少些精神去塑造自己的形象。*

還有很多其他的解夢技巧，不過，這六種技巧相信已足夠我們應用。這些技巧的最大危險，是把解夢變成非人

化和機械化的事情。最理想的，是它們能夠在聖靈帶領下，引導人與內心最隱藏的自我溝通。夢不是供人分析的客體，而是自我某些部分，以我—你的形式相遇溝通。有時，人可以獨自進行這種溝通，但一般來說，與別人談論始終有助這種溝通的進行。這正是基督教心靈關顧在分析夢一事上，所能扮演的一個奇妙而重要的角色。

9

基督教的心靈關顧方式

直至目前為止，我們已經講述過基督教心靈關顧的重點，和過程中的某些活動，但仍然未曾談及誰人提供這種關懷。在現實生活中，有各行各業和各種身分的人正參與這個關顧的行列，包括家長、朋輩、老師、牧職人員、心理治療員、文字工作者、輔導員、精神健康的專業人員、傳教士、提供牧養關顧的平信徒，和信徒中間的屬靈導師。當中有的是受薪人士，因此我們可以稱之為專業的心靈關顧人士。另一些則是沒有薪酬的，所以，我們可以把他們視為非專業人員或平信徒導師。這兩類人士並沒有那一方較為優勝。他們各有自己的崗位，互補不足。

心靈關顧實在是一件非常重要的工作，不可單靠某一類別的人員來完成。過往有一段很長的時間，關顧的責任主要落在牧者身上。然後，隨著治療式心靈關顧的興起及在其影響下，責任又轉到那些受過心理治療技巧與理論訓練的人身上。最近，我們可以在牧者和平信徒身上目睹一個現象，他們均對屬靈導師的古老傳統重拾興趣。此外，至少在某些宗派內，我們亦看到一些相交小組的興起，它們也是一種互相關顧的方式。

重要的是，凡參與基督教心靈關顧行列的基督徒，都應該是為了回應神對他的呼召。以心靈關顧為己任的基督徒，他在此崗位的合法性，與他是否有薪酬或曾否接受正式訓練完全無關，這完全在乎神是否呼召他參與這個事奉行列，而各式各樣的人都有機會得蒙這個呼召。

當代基督教至少有九種心靈關顧的形式，分別是：家庭的心靈關顧、相互的心靈關顧、牧養關顧、平信徒之間的輔導、基督徒輔導、牧養輔導、靈性指導、基督徒心理治療，和深切的心靈關顧。為這九種形式劃定範圍雖然會流於武斷，但它們之間卻確實有著重要的分別和關係。下面的圖三

圖三
基督教的心靈關顧形式

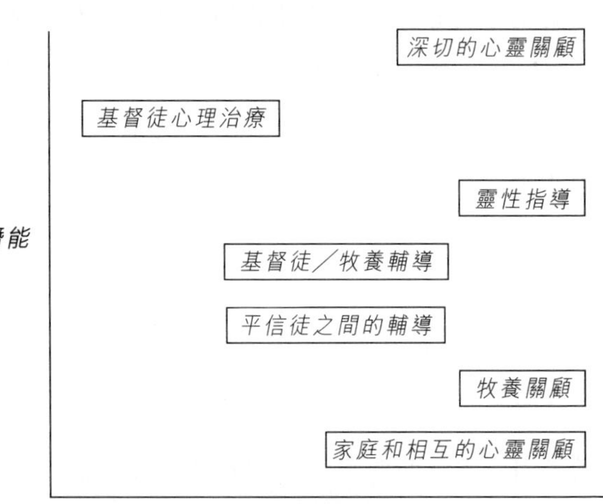

展示了這些關懷形式在給予基督教心靈關顧孕育和醫治功能方面的不同位置，正好說明了它們之間的分別和關係。我們將合併那些在醫治和關懷方面具有相近作用的關懷模式。那些較接近右邊的，是在孕育和鞏固方面發揮較大效能的形式，相對而言，那些在圖中佔較高位置的形式，則具有較大的醫治和修復效能。

家庭的心靈關顧

由家人和朋友所提供的關懷，是最基本，但同時在某些方面又是最重要的基督教心靈關顧方式。當這些有著緊密關係的親人互相關懷的時候，他們通常不會認為自己正在提供心靈關顧。他們只是對自己心愛的人表示關心。然而，假如每一個人都可以在家人和朋友中間獲得這種關懷，相信對那些較為正式的關懷形式之需求，將會大為減少。

在最理想的情況下，家人之間那種互相關懷最能發揮獨特的作用，有助各人獲得深層的心理靈性成長。父母在孕育兒女心理靈性成長方面的獨特位分和方式，是無人能取代的。配偶之間那種深入認識對方內心世界和支持對方成長的方式，也同樣無可取代。兄弟姊妹之間由競爭變成親密和心靈的知交，也是獨一無二的。家人之間的關懷儘管也能對創傷給予某程度的醫治和修復，但這方面的潛能卻始終不及其他的關懷形式。不過，家人建立心靈深交的潛在效能，卻使家庭成為基督教心靈關懷中最基本和最重要要的場所。

但遺憾的是，家人之間卻往往達不到心靈知交的理想。父母滿足於管教和指導，沒有將自己的友誼同時送給子女。可悲的是，配偶之間也經常如此。許多時候，那些在外面熱心參與關懷工作的人，回到家中卻鮮有真心關顧其家人。家人之間實在非常需要這種友誼的關懷，在眾多渴求之中，首要的便是真誠的對話。

倘若基督徒的關顧工作要在家中開始，那麼，人們最需要學習就是對話的藝術。對許多人來說，首要是學習感同身受地聆聽的技巧。不少人善於用理性去聆聽，但不懂得認同對方與自己的關係。對另一些人來說，主要的問題是太少時間與配偶或孩子相處。其實，大多數家庭都早已知道他們需要採取甚麼行動，才能使家庭成為一個心靈知交的網絡。有時，關鍵只在乎有人提醒，讓大家一同重視此事的價值。

相互的心靈關顧

對大多數人來說，朋友是至為重要的心靈關顧關係。正如家人之間的關懷一樣，朋友間總是在非正式和不自覺的情況下，互相給予對方心理靈性的滋養。有別於屬靈導師和心理治療員與關懷對象之關係，互相關懷並非朋友關係的全部。此外，朋友間通常是互相關懷，與專業式的單向關懷並不一樣。

每個人都需要這種友誼。我們每一個人都需要有朋友願意花時間聆聽和幫助我們抒發自己最深層的心理靈性渴望、需求和掙扎。朋友關懷我們的方式，幫助我們學習以相同的態度去聆聽隱藏在內心深處的自我。

相互的心靈關顧乃是人關懷他們生命中那重要的他者，還會有助他們更懂得關心自己。這樣的關係涉及友誼，但不是所有友誼都包含相互的心靈關顧。許多人渴望藉著深入對話達致真正相交的理想，顯示出大部分友誼都缺乏真誠的心靈關顧關係。還有許多人都是單向性地關懷別人，自己卻不期望得到回報，這一類關係當中只牽涉少許相互性，亦不屬於相互的心靈關顧。

相互的心靈關顧涉及互惠性質的親密相依，以及雙方都感到自己需要對方關心。它亦需要有平衡和交替的施與受。在某一個指定時刻，從誰是主要施予者和誰是主要受益者的角度來看，當事人可能感到兩者的關係不甚平衡。但是，經過一段較長的時間，相互的心靈關顧關係促使雙方都期望有施予和接受的機會，而且兩種角色都大致平衡。

這種關係至少牽涉二人，但亦可以小組形式出現。相交小組是提供關懷的理想模式，因為它可以輕易地結合其他(查考聖經或祈禱等)活動。然而，並非所有查經或祈禱小組都是相互的心靈關顧小組，因為後者需要將重點優先放在關心和滋養組員的內在生命。

雖然朋友間無須經過任何訓練，也可以互相提供心靈關顧，但是，若能對人內在生命那種心理靈性動態有所了解，將有助人去施予和接受這種關懷。那些對自己的內心世界最為知悉，心理靈性狀況屬於健康和成熟的人，最懂得以愛待人，也最能給予別人關懷。幸好，我們與別人一起學習這些東西，這正是相互的心靈關顧關係最令人興奮的潛能。

牧養關顧

我們將會探討的牧養關顧，是第一個較為正式地表達關懷的方式。按照這名詞的慣常用法，牧養關顧是指由牧師、長老、執事和會眾中的其他成員，給予有需要者的全面關顧。牧養關顧是一種憐憫人的事奉，其動力和動機就是神的愛。關顧的行動包括探訪病患者、陪伴垂危病人、安慰喪失親人的家屬、支持面對各種困難的人、傳道和施行聖禮。最根本來說，牧養關顧就是指基督徒在遇到別人有需要的時候，給予援手、鼓勵或支持。

牧養關顧包含了牧養輔導，但所涉及的範圍卻比牧養輔導為廣。牧養輔導通常是由需要的一方主動求助，而且一般都是以處理問題為焦點。相對而言，牧養關顧則較常由提供關顧的一方作出主動，而且通常都不會集中於處理問題。牧養關顧乃是一方嘗試因著神的慈愛主動關懷需要關顧的人，讓對方感受到基督徒的愛心和支持。

顧名思義，牧養關顧的潛能主要在於關懷而非醫治。對許多人來說，在他們一生之中遇到危難的時候，牧養關顧是神給予他們鼓勵、支持和盼望的救生索。然而，基於其形式所限，所以很少有長談的機會，因此，對於要修補心理靈性的創傷和病態情況，它便難以發揮其潛能。雖然它可以帶動和激發人的心理靈性獲更大成長，但是，單憑它卻往往不足以引導人在成長路上不斷邁進。不過，它卻可以與其他關顧方式有美好的配合，相輔相成，促進關懷的整體潛能。

很可惜，許多基督徒所接收到的牧養關顧，都只是片段式的心靈關顧。他們聽講道，如旁觀者地參與敬拜、按時領受聖禮，和可能間中會有牧師、長老或會眾中某位成員探訪。他們感到教會完全不能對應他們心靈深處的需要，這又有何奇怪？對於他們極少去了解自身內在生命的需要和實況，我們又怎能覺得出奇？

平信徒輔導

專業輔導的興起，使某些教會出現了一種稱為「平信徒輔導」的現象。平信徒輔導員，通常既非牧職人員，也非專業輔導員。一般來說，他們是基於其恩賜和性格被認可，以及曾接受某些治療性溝通的基本訓練，而義務充當這類平信徒輔導員。他們所受的訓練有的可以很全面，但有的卻非常有限，故此，他們工作的實際表現可能非常參差。

平信徒輔導員的事奉方式，通常是以臨床或心理角度為焦點。換句話說，人們來到平信徒輔導員面前求助，請他幫忙解決問題，而平信徒輔導員則向求助者提供支持和處理問題的意見。禱告和尋求其他教會資源的幫助，也可以成為解決問題的方式之一。不過，平信徒輔導員一般所發揮的作用，與較有資歷的基督徒輔導員相差不大，都好像臨床治療員那樣，給求助者提供心理上的支持，讓他面對生活的問題。

不過，當我們將平信徒輔導放在剛才提及的關懷座標上，作為心靈關顧的一種方式，平信徒輔導則有了一個稍微不同的重點。由於平信徒輔導員的訓練有限，對各種治療方法認識不足，所以，他們實在不足以處理深入的心靈醫治工作。但是，由於他們通常都是對人真誠、懂得關心和善察別人需要的基督徒，因此，在心靈關顧中幫助對方邁向靈性成長這方面，他們便可以扮演一個非常重要的角色。倘若我們從幫助別人在面對困難時經歷神同在、明白神旨意的角度來理解平信徒輔導，那麼，他們關懷的目的便主要是幫助別人在靈性上成長，而不是解決某些心理問題。別人在遇到困難時尋求他們的幫助，仍然是適當的做法。不過，求助者不應期望他們是解決問題的輔導員，反而應該把他們視作成熟和對人充滿關心的基督徒，他們願意暫時與他一同上路和幫助他成長。如此，平信徒輔導員將成為心靈關顧工作中的重要一環，它的心靈醫治潛能比牧養關顧更大，但卻又比其他較為專業的輔導和心理治療模式較少。

基督徒輔導

在過去數十年，基督徒輔導一直是發展迅速的重要行業。基督徒輔導的期刊、專業組織、訓練課程和審查資歷的機構，迅速在世界各地的教會圈子冒起。出版商、作家、顧問和工作坊的主辦者，亦致力推展這現象。

基督徒輔導的參與者背景也頗參差：有的擁有心理學、社會工作或婚姻和家庭治療的碩士或博士學位，而另一些則可能只修讀過一些輔導課程或參加過有關的工作坊。有些曾接受神學訓練，甚至曾經做過牧職工作，至於另一些則完全缺乏這方面經驗。有些對於自己的工作抱有清晰的遠象，知道自己所做的是基督教心靈關顧的工作；但也有些只知道他們提供輔導服務只是迎合市場的需要。

基督徒輔導員亦以眾多不同的「陣地」和範圍條件來提供他們的關懷。有些以私人執業形式(個別地或合夥地)，按次收費地提供服務。有的受聘於教會，以牧養事工團隊的專業人員的身分提供服務。亦有些在不同教會集體支持的中心提供服務，由這些教會轉介過來的受助者便豁免牧費，而另一些則按情況酌收費用。還有一些是以義務性質提供服務，一律免收任何費用。

既有這眾多的分歧，對基督徒輔導作任何綜論，都有以偏概全的危險。不過，總的而言，提供此類關懷服務的輔導員都是以基督教的價值觀和人生觀作為參照點，提供心理輔導，並以處理問題為焦點。結果，這種輔導往往帶有極重的引導性，例如給予被認為合乎聖經原則的意見。在另一些時候，它又跟深入的心理治療無大分別，焦點全放在找出和處理導致問題出現的主因。我們可以相當安心地指出，基督徒輔導整體來說是側重關注心靈醫治多於關懷的。輔導過程有時可能會包括建立受助者的基督徒品格，但總體目標仍是改善問題。

在眾多基督教心靈關顧的方式中，基督徒輔導可以發揮極大的潛能，因為相較於平信徒輔導員和提供牧養關顧的信徒，基督徒輔導員對人的心理動態和治療式對話有更多的認識。故此，基督徒輔導員所提供的關懷，相對地可以較有深度和成效。然而，許多時候，基督徒輔導員一方面既缺乏足夠的心理學訓練，讓他們在發覺有需要時，能夠為接受輔導者提供深入的心理治療；另一方面，他們又欠缺神學和屬靈的裝備，讓他們對有需要的人提供靈性指導。原本他們極有可能填補牧者與心理治療員之間的空隙，但他們卻總是傾向上述兩類人士的其中一個極端，未能發掘出最能發展其所長的獨特空間。

基督徒輔導既被理解為提供心靈關顧的其中一個方式，以下便嘗試對其重新定位的可能性提出一些建議。當中最重要的一點，就是在現今側重臨床輔導之大趨勢下，基督徒輔導以靈性向度補其不足，將其方向轉變為靈性的建立。由於大多數人都是因為有問題才會尋求輔導，所以，處理問題仍是輔導的焦點。然而，輔導的目標卻不單是改善問題，更是促進求助者的心理靈性成長。倘若基督徒輔導員能夠因為更明確地認定目標是關係到靈性成長，而提升他對心理動態的認識，那麼，對比於平信徒輔導員和牧養關顧，他將能提供更深入的關懷。同時，較之於牧養輔導，他的關懷亦較為側重心理層面。如此，基督徒輔導員便能填補現存於各種基督教心靈關顧模式範疇內的缺口，而不是重複基督徒心理治療員所提供的服務。

牧養輔導

在牧養輔導這名義之下所提供的心靈關顧，其分殊的程度比基督徒輔導實有過之而無不及。要將牧養輔導與基督徒輔導作出區分，一般並無多大困難，因為前者的輔導主要由牧職人員提供。這意味著提供輔導者不單只認同基督教價值觀，更明確地等同教會的立場。因此，無論喜歡與否，牧職輔導者便代表著教會，求助者是因著輔導者這種身分來尋求他的輔導，亦因著這種身分與他建立關係。

牧職輔導者比其他輔導者享有更多的優勢。他們的訓練不僅包含廣泛的神學裝備，許多時候還包括經督導的臨床牧養教育。從最理想的情況來說，這種臨床訓練提供了一個更深認識自己，和掌握輔導技巧的機會。而且，牧職輔導者通常在教會的範圍內提供輔導，因此，在他們的心靈關顧過程中便可獲得教會其他資源的一併配合。這種獨特的優勢使牧職輔導者可以在地方教會的豐富資源，與整體基督教心靈關顧事工的豐厚傳統配合下，提供心理靈性並重的關懷。

可惜，並非所有牧職輔導者能達到這些理想，或可以全權運用各種資源，不少牧職人員在爭取臨床輔導的學歷和資歷之餘，漸漸失去其牧職的身分。而另一些則要自己與心理學保持距離，他們提供的輔導就仿如只得一個聽眾的講道。

那些能抗拒誘惑，避免全盤接收臨床心理治療員對輔導的看法和規範，卻又懂得從這些治療模式的傳統中汲取精華的牧職人員，將最能以一個獨特的身分提供最具基督教特色的關懷。較之於前面談及的各個組別，牧職輔導者既是最明白，又是在一個最適合的崗位提供基督教心靈關顧。有別於非輔導性質的牧養關顧，牧養輔導者通常會與輔導對象進行一連串的面談。這提供了牧養關顧所缺乏的交談機會。也有別於在教會以外提供服務的基督徒輔導員，他們可盡量利用教會資源給予輔導對象醫治和支持。

要達致這理想，牧職輔導者必須對本身的輔導工作抱有獨特的遠象——輔導乃是其牧養職分的其中一部分，善用其訓練和位分所給予他們的獨特資源，建構他們的輔導形式。我也曾有組織地以此模式來提供短期輔導，稱為策略性牧養輔導(Strategic Pastoral Counseling)。[1]

靈性指導

儘管靈性指導的關顧模式早在心理治療、牧養輔導和基督徒輔導出現前幾百年就已經存在，但它卻並不普及，也鮮為人知。這種關顧模式有時會以不同名稱出現，包括門徒訓練、靈性顧問、靈友、靈交或牧養關係，但其總體目標卻是一樣的——幫助靈性成長。它所涉及的範圍通常包括學習判別神的旨意和聖靈的帶領、在禱告生活中成長、活在聖靈中、向罪死、經歷神的赦免、在基督裏發現和實踐那獨特的自我、經歷與神聯合。簡言之，基督教的靈性指導旨在幫助人留心神對我們的呼召，從而以禱告、順服、聖潔、服事和愛的生活作回應。

靈性指導的重點在乎經歷而不在乎觀念。這表示目標是經歷神，而非從經歷中得出某些知識。此外，經歷神就是與神建立關係。因此，靈性指導的要旨，是促使人親自認識神，同時亦親自向神作出回應。它要幫助人在神裏面找到自己的立足點，然後便以此為根據地，活出他的生命。

禱告是基督徒經歷神所不可或缺的，故此，禱告也成為靈性指導的一個重要部分。屬靈導師十分關注人的祈禱生活，並且熱衷於幫助人經歷禱告。禱告的時候，究竟是否真正與神有個人的溝通？在向神說話的同時，是否也有聽神說話？人能否藉著禱告，單純卻深入地享受到與神同在的喜樂——在默觀中凝望著神，超越語言的界限與神相交？換言之，禱告能否從出自頭腦，轉變為發自心靈？

在各種基督教心靈關顧模式中，靈性指導佔著一個獨特的位置。有別於牧養輔導，它的焦點不是問題，而是成長。有別於基督徒輔導，它所關注的主要並非行為，而是內在生命。有別於基督徒心理治療，它關注人的內在生命，基本上不是為了治療病態心理，而是為了經歷神。對比於牧養輔導和心理治療，靈性指導是生命的指引，而非解決問題的方案。此外，牧養輔導和心理治療均十分重視知識和洞見，靈性指導卻較側重於深化信仰、增強對神的同在的敏感度和促使靈性不斷成長。

擁護靈性指導的人會認為，每位基督徒都應該有一個靈性的嚮導。靈性指導的方式，促使信徒要與導師建立一種問責的關係，以防止信徒陷入靈性個人化的危險。梅頓在強調信徒需要有有靈性指導之同時，警告信徒要提防「獨行俠」式信仰的危險：

> 單獨默觀而無人引導的人，將是世上最危險的人。他相信自己的眼光。他順從內心的聲音，卻不會聽別人的意見。他將任何使他感到……內心火熱的東西，等同於神的旨意，他愈是感到甜蜜和火

> 熱，他就愈深信自己絕對不會出錯……這個世界已經被這樣「有眼光」的人弄致傷痕纍纍。[2]

所有基督徒——不單是默觀者——都需要靈性指導。這並非牧者與牧民之間的一般關係，儘管牧者正好作靈性導師。它也不是類似基督徒團契式的互助關係。反之，它是一種更為著意建立、更個人化和個別化的關係。這種關係極少會在偶然中被建立，它必然是帶著極多的關心和禱告，刻意地建立起來的。

不過，這種靈性指導的關係，在某程度上仍留有個人選擇的空間。除了那傳統模式，即由一位靈命較為成熟的信徒引導一位靈命沒有那麼成熟的信徒，還有其他的方式可供選擇，包括互相引導(兩人輪流成為對方的引導)，甚至是小組引導。在許多基督徒圈子中愈來愈普遍的研經小組和相交小組，都可以在某方面發揮小組引導的作用。有些為了給信徒提供問責機制而成立的小組，也有類似的作用。然而，靈性指導的最關鍵部分並不在於相交、研經或問責，而是在於明白聖靈的帶領和孕育信徒在靈性上成長。

在各種當代的基督教心靈關顧模式中，靈性指導是最未被開發的一種。許多基督徒完全不知道它是怎麼回事，即使那些對屬靈指導有所認識的人，也對於如何尋找一個合資格的靈性導師茫無頭緒。[3]在那些有心裝備自己參與心靈關顧的基督徒當中，有更多應該考慮神會否呼召他們投身靈性指導的事奉。至於尋求心靈關顧的人，也應該考慮這種方式所能發揮的作用。那些正接受輔導或心理治療的人，最適合尋求靈性指導，因一般輔導和心理治療都沒有明顯從靈性層面探索問題。事實上，所有人都可以在靈性指導中得益。

基督徒心理治療

輔導通常較為短期，以集中處理問題和尋求出路為焦點；**心理治療**則是較為長期，以發掘和處理問題根源為重心。此外，按照一般的理解，輔導的主要目標是改善問題，而心理治療的目標則相對較廣，包括增強受助者處理情緒困擾的能力和促進他／她的精神健康。我們可以把基督徒的心理治療設想為由基督徒提供的心理治療、由聖經的人觀所模造、給聖靈帶領，而目的是在於增強受助者的心理靈性的美好狀態和成熟程度。

對於心靈關顧和心靈醫治，基督徒心理治療都有極大潛能——可能在醫治方面尤甚。可惜的是，這種潛能許多時候都未能真正發揮。許多從事心理治療工作的基督徒都對世界和人的內心世界持二元的看法。儘管他們對心理和靈性問題乃緊扣相連這個事實可能有某程度的認知，但是，他們卻往往只關注人的心理部分，以致對靈性部分置諸不理。結果，他們所提供的心靈醫治便完全一面倒。許多時候，他們為要使工作基督教化，就叫自己成為基督徒，因他們認為再無其他方法可使他們的心理治療變得「基督教化」，而不會淪為基督徒輔導或意見提供。可是，他們這樣做的時候，其實是沒有察覺到他們在進行深入的心理治療時，已無可避免地在塑造治療對象的靈性。

心理治療所產生的強大影響力，以及過程中所涉及的緊密關係，實不可能容讓它保持靈性中立。除非是處理一些較為罕有的專門問題和非常針對地干預某些行為——例如是一種不自覺的慣常行為——否則，一般的心理治療都會無可避免地涉及人格這更廣闊的範圍，也就必然地包含靈性的考慮。按照常規，我們的靈性一就是不斷成長，變得愈來愈能夠感應和回應靈性的呼喚，一就是漸趨死亡。當我們的人生遇上危機或轉捩點時，我們的靈性就特別容易朝向某一個方向發展。尤其是當我們在心理治療員的幫助下面對此等轉變，開始聆聽內心那個自我的說話時，情況便更為明顯。因此，心理治療無可避免地是一個建立靈性的過程，問題只在乎它所塑造的是否基督徒靈性。

指出心理治療是一個建立靈性的過程，並不等於把它簡化為宗教的指引，或等同於靈性指導。心理治療是從心理的角度來探討人的內在生命。基督徒心理治療也做著同樣的工作，所不同者，是在於它明白到這些問題在靈性方面的含義，同時從一個基督徒的角度來處理它們。即使在心理治療的過程中，受助對象提出了明確關乎宗教或靈性的問題，基督徒心理治療所持的態度也會跟牧養輔導或靈性指導不同，其焦點仍是當事人的經驗。例如，假若談論的主題是神，基督徒的心理治療員便應該繼續將焦點放在那人對神的經驗之上。他怎樣理解神？在他的心目中，神的形象是怎樣的？他童年建立的父母和重要他者的形象的內在再現，與上述的現象有甚麼關係？由於人是心理靈性整合的個體，他會用同一個內心的心理過程來處理他與神、自我及別人的關係。心理治療最適合探視這個過程。因此，不論是基督徒或非基督徒的心理治療員，都必須專注探討這方面。

在了解心理治療與其他心靈關顧模式之差異的同時，我們亦必須認識到心理治療的限制。心理治療可以引導人作好靈性成長的準備，甚或幫助他們向神踏出重要的一步。然而，福音已明確告訴我們，人要得著新生命，就只能藉著信靠基督的救贖作為，而不是靠頓悟或增強情感健康。一位基督徒的心理治療員曾經提出以下的觀點：

> 雖然在心理治療的過程中，終極的需要可能會浮現……但當中顯然並沒有暗含稱義的可能。進入心靈深處，並不保證會帶來救恩。儘管它確實經常會產生一個吊詭的效果，引領人去意識到超越和終極……它卻不會把人的終極需要等同與神建立關係，或要求人面對認罪或接受基督救贖的需要。[4]

在最佳的情況下，基督徒心理治療能將基督徒生命的屬靈資源，與心理學的資源互相結合起來，給心理靈性遭受嚴重創傷的人帶來徹底深入的修補。經歷心理靈性嚴重創傷之後，當事人往往表現得不由自主——那就是，無論是情緒、意志、認知或行為，都遭到某種形式的捆綁束縛。其中一個癥狀，就是不能自拔地一再去做我們不想自己去做的事，或沒有能力去做我們希望自己做到的事。其他的表現包括不敢去愛別人，或與人建立親密關係、經常性地發怒或出現猜疑、過分控制自己或別人、不願意作出深層和長久的委身，或經常被想討好別人和得到別人的愛這種非理性需求所束縛。這類心靈的束縛，惟有心理治療能夠對應。

深切的心靈關顧

我曾經在先前所寫的書中指出，基督徒的心理治療與靈性指導無論在角色要求和關懷焦點方面都有重大的分別，以致不可能結合起來。[5]而且，只有極少人有能力同時提供這兩項關懷的事實，似乎亦引證了這個結論。

但是，在往後一段時間，我曾經遇見能夠有效結合這兩個心靈關顧模式的人，而我亦親自實踐過。這些經驗改變了我的想法。我開始質疑：問題是在於心理治療和靈性指導究竟真是有本質上的差距，抑或問題只在於現實缺乏結合它們的模式和經驗。如今，我深信答案是後者。現存至少有兩個這樣的模式，泰維爾(Bernard Tyrrell)稱之為**基督治療法**(Christotherapy)[6]，其發展較成熟，而另一個則是由我提供，但還未完善確立的**深切心靈關顧退修**(intensive soul care retreat)。

深切的心靈關顧假設，若然有足夠時間、足夠的緊密程度，和真正的全心全意，那麼，將關懷心靈和醫治心靈分成不同的任務，實在是過於牽強和多此一舉。基督徒心理治療以心理為焦點，靈性指導以靈性為焦點，但我們無須在這兩者之間作出選擇。只要在運作上將靈性操練與心理治療的見解和技術綜合起來，兩者便能自然地互相配合。這種深切的心靈關顧，目的在於把損害與別人和神溝通的心理靈性核心問題加以修復，以及孕育基督徒的靈性。

泰維爾的基督治療法，是以伊格那丢式的靈性操練(Ignatian Spiritual Exercise)為總體架構。該操練的四個階段或四週，便相當於基督治療法的四個階段：

1. **改造**(Reforming)是指人要把心理靈性因罪而扭曲的面具除下，以致能意識到自己需要基督的救贖恩典。按照泰維爾的看法，當我們意識到自己在神面前的身分，以及我們背逆祂的現實，這份醒覺將引領我們悔改，這正是一切心理靈性成長的真正起點。
2. **認受**(Conforming)是當人離棄罪惡之後，必須作出的行動——主動轉向基督。這階段的目標是要自我認受基督的心思，以致能心意更新，在神的愛中成長。
3. **確認**(Cofirming)是指我們要肯定自己已經向罪死了，以及在基督裏已成為一個新造的人。在這階段，我們是透過認識自己已藉著受洗與基督同死，以致得著復活、與基督同活。
4. **改變**(Transforming)是指我們從認同與基督一同受死，進到在祂的榮耀裏默想祂。聖靈藉此加添我們能力，使我們變得更像基督，以致改變成祂的形象。

在這個靈性成長的總體架構內，泰維爾運用眾多不同的心理治療技巧和靈性操練，來促進尋求心靈關顧者的成長。

我所構想的深切心靈關顧退修，亦是引用傳統屬靈靜修的構思和方式，再與經過細選的心理治療技巧互相結合的成果。它同時亦借用了芬杜依據存在心理學而建立的深切治療模式的其中一些元素，有關的理論我們已經在第四章略略談及。

第五章講述的基督徒靈性模式，正是深切心靈關顧退修的總體架構，當中最需要致力投入的元素包括：

- 深入認識耶穌，藉著耶穌認識父神及聖靈；
- 深入認識自己，包括找出那個妨礙我們回應神、使我們繼續以自我為中心的虛假自我；
- 在基督裏發現和實現那真正的自我。

每項目標的進展程度，在乎退修時間的長短，以及個人的心理靈性健康情況。然而，只要每次退修都為這三項目標而努力，就能建立整個深切心靈關顧退修的經驗。

退修通常是以個別化的形式進行，雖然小組形式的退修往往也能達致相同的果效。不管是哪一種形式，退修可短至一週，亦可長至三週。兩至三週則最為理想，縱使有些人需要將日期縮短，而寧願分幾次退修。在第一次退修之前一個月或以上，退修者要在指導下寫一份關於自己的故事，同時定期寫日誌、把做過的夢記錄下來，以及完成一連串的心理測驗。在退修之前，他要遞交上述一切資料，指導者則透過它們找到退修者在靈性和心理方面的重要問題，同時為退修制定一個初步的計劃。

退修要在一個完全退隱的環境中進行，禁絕一切毒品、酒精、性和電視的引誘，以及除了與導師交談之外，不可與外界接觸和談話。退修者要把工作、工幹、電話和日常生活的其他責任完全拋諸腦後。除了聖經和其他靈修書籍以外，他只可閱讀與此次退修目的有關之資料。導師會按每位對象的個別情況，在退修的適當時間建議他閱讀某些基督徒心理學和屬靈書刊。默想和有系統地研經也是退修的一個固定秩序。此外，每天會用一至兩小時與導師交談，餘下的時間將全部用在默想、禱告、反省和寫日誌等事情上，休息的時間則包括做運動、吃飯和睡覺。若然退修是為期數週的，週末便可自由活動。

毫無疑問，這種退修形式提供了一個非常獨特的機會，讓人的心理靈性得著醫治和成長。在完全退隱的情況下，人可以採用在平常緊湊的生活和壓力下所不可能出現的方式來處理自己的問題。過往透過其他心理治療方式仍感很難處理的問題，在這種處境下往往可以較為妥善地處理。而且，人與自我及神的深入的相交，亦大大提高了人邁向完全的可能性。[7]

深切心靈關顧退修並不是化解所有問題的萬能處方，也不能為退修者的心理靈性得著健康或成熟提供保證。在退修完結的時候，退修者總是認為時間不足，以及還未解決的問題始終遠超過已處理的問題。然而，這類退修卻的確可以提供一個機會，讓退修者可以全面關注靈性和心理功能。隨著愈來愈多人致力謀求基督徒心理治療與靈性指導的結合，這種退修亦代表了基督徒關懷人的一種重要形式。

基督教心靈關顧的範圍

當代基督教的心靈關顧事工正處於四分五裂的狀態。有分參與各種心靈關顧模式的人極少互相交流，也從來沒有考慮過有互相合作的可能性。雖然不同組別的工作者之間時有作出轉介，但大部分的轉介總是朝向更高的層級。因此，心理治療員便習慣於接受來自牧職人員的轉介，可是，卻極少把人轉介給他們。這是相當可悲的。這似乎是基於一個不正確的假定：某種關顧形式本質上是優勝過其他形式，既有優勝的形式存在，次好的便變得多餘。

每一種關懷形式都有其特色、優點和限制。某些關係(特別是輔導和心理治療)，基本上是以醫治創傷的心靈為焦點，另一些關係(牧養關顧和靈性指導)則以關懷和孕育人達致靈性成長為焦點。只有深切的心靈關顧才嘗試結合這兩個目標，但致力於此的工作者數目仍然相當有限。儘管基督徒的心理治療員頗為眾多，但由於他們一般都收取費用，以致令不少人望而卻步。靈性導師很少會收費，但勝任此工作的人卻難求。基督徒輔導者(包括牧職或非牧職人員)人手相當充裕，他們便成了提供專業基督教心靈關顧服務的主力軍。提供牧養關顧的人數固然更多，但由於此類關係的緊密性所限，它主要是屬於支持性質而非改造性質。相互的關懷和家人的關懷當然是最常有的心靈關顧模式，但是，向靈友所剖白的需要，往往又超過這些靈友的能力所負擔的。

不同的基督教心靈關顧形式其實是互相補足的。沒有任何一種可取代其他，也沒有任何一種比其他優勝。合作應替代競爭。隨著教會正要努力重建心靈關顧的工作，使之成為教會生活和使命的核心，信徒就更要對每種形式予以支持和參與。

10

基督教心靈關顧的挑戰

沒有比心靈關顧更為崇高的召命。為人父母者，他們一生之中最重要的召命，還有甚麼比得上孕育兒女的內在生命，使他們成為剛強、精壯和有活力的人？作為朋友、老師、精神健康專業人員和牧職人員，又有甚麼召命比真誠關懷他們在生活及專業範疇內所接觸到的人的內在生命更為重要？

易卜生（Henrik Ibsen）在其劇作《建築大師》（*The Master Builder*）中，透過主角蘇歷仕（Solners）的說話，顯出他清楚明白到心靈關顧乃一項極具價值的使命。在劇中第二幕，蘇歷仕正與一位年青女子希爾達（Hilda）談論他作為建築師的使命。他提到他的妻子艾蓮（Aline）——直至此刻為止，無論是希爾達或觀眾都未知道艾蓮的人生有甚麼使命。

蘇：你知道嗎？艾蓮也有建造的天分。

希：艾蓮！她有建造的天分？

蘇：不是我建造的那些房子和塔樓。

希：那她建造的是甚麼？

蘇：建造小孩子的幼小心靈。讓每個心靈都按照它自己的樣子、姿勢，漂亮地、高貴地站立起來，直至每個都擁有成熟而正直的心靈。這就是艾蓮的天賦所長。[1]

艾蓮是心靈的建造者。她的丈夫認識到自己的召命是建造樓宇，而她的召命則是塑造小孩子的心靈。可惜的是，與蘇歷仕有共同召命的人多的是，與艾蓮有共同召命的人卻少得多。建造樓宇很容易，建造人卻很難。建造實質的樓宇，我們很容易看見進度，也知道甚麼可行，甚麼不可行。樓宇不會抗拒我們的工作，但人卻不然。建造人的心靈當然要比建造樓宇付出更多。

心靈和有形的物質，究竟孰輕孰重呢？聽聽耶穌這句人所共知的說話：「人若賺得全世界，賠上自己的生命(靈魂)，有甚麼益處呢？」(太十六26)。在神的經濟觀中，人比任何物質都貴重——兩者簡直有天淵之別。在神的國度裏，沒有比關心和培育生命更崇高的呼召——因為人既是按照神的形象被造，神又甘願犧牲祂的獨生兒子來救贖人，所以，人的價值是永恆的。

承擔基督徒心靈關顧的資格

誰人有資格得蒙這個呼召？誰有能力在關心自己的心靈之餘，更有能力去關心別人的心靈？事實上，甚麼特點叫人配得蒙神的呼召？神呼召祂所揀選的人，又裝備祂所呼召的人。神不是看人的外貌，而是看人的內心，因此，祂的呼召經常會出人意表，有時更會令人震驚，沒有人會預期撒母耳竟然揀選大衛作神所膏立的君王——至少大衛的家人完全沒有考慮過這個可能性。神同樣用這個方式去呼召人承擔心靈關顧的使命。

不過，我們仍然可以概括地指出哪一類人應該考慮神是否呼召他去關懷別人。擁有以下七種特質的人，可以說是最適合在心靈關顧的事工上服事神。

1. 對人充滿深切和真誠的愛。設若有人根本就不是出於一顆愛人的心，而是為了別的理由而選擇參與這項工作，那是何等可怕的事。但事實上，的確有不少對人缺乏關心的人，卻選擇以關懷別人為職業。

關懷別人等於關懷普通的人。一個投身於關懷行列的人，必然喜歡與普通人相處，而不是只喜歡與聰明伶俐、幽默風趣，或有特別才華、值得投資心血去培養成才的人為伍。奧頓曾經指出：「若然沒有一顆真誠和慈愛的心去關懷別人，單憑分析技巧或理論知識，根本就不能對人帶來任何正面的幫助。」[2]

孕育人的心靈是一種愛的學習。提供和接受關懷的雙方，乃進入一種愛的關係。鍾斯（Alan Jones）在《建造靈魂》（*Soul Making*）一書中指出，關懷別人就是幫助人成為真正的人，而作為人的核心就是學習如何去愛。他說：「當我們學習愛的時候，我們或多或少都已經是個『人』。」[3]倘若關懷的一方要教導別人去愛，他們本身就必須先學習愛。因此，心靈嚮導的第一個理想特質，就是對普通人也充分表現出愛心，而且，還渴望繼續進深這種愛的關係。

關懷別人亦表示按照別人的本相去關懷他們。倘若我們要別人達到我們心目中的要求，我們才愛他們，那不是真愛，而是有條件的愛。基督教心靈關顧所要求的愛，乃是雙方期待對方的生命活得最好和最完滿的同時，亦無條件地接納和愛他們——姑勿論他們此刻如何，或總是沒有半點改變。否則，任何其他東西，即使它表現得像愛，其實也只是操縱。基督徒的關懷絕對不應淪為操縱的工具。

2. 值得別人信任，自己也懂得信任人。只有在坦誠分享自己的情況下，才會有心靈的對話；而只有在信任的氣氛中，人才會願意剖白自己。因此，心靈嚮導必須是值得別人信任的人；別人因為覺得他可靠，而認為與他分享自己是一件安全的事。沒有這種信任，根本就談不上心靈關顧。

那些提供心靈關顧的基督徒，就既要懂得信靠神，又要懂得信任關懷的對象。信靠神固然不可少，因為神是一切成長和醫治的本源。信徒要從聖靈那裏支取能力，在祂的引導下步向真理。若對神沒有深深的信靠，人總會傾向相信自己。這既會使人變得自大狂妄，亦是心力耗盡的先機。此外，提供關懷的一方亦要信任尋求關顧者是真誠地尋求幫助，並且在未來的路程上結伴同行。

最後，關懷他人心靈者要努力使自己成為一個真正值得別人信任的人。換言之，除了要有信心地作引導之外，還要堅拒任何利用這種關係來滿足自我的誘惑，拒絕非為他人好處著想的目標，不採用任何操縱或強逼的手法去達致某些目的。

3. 在靈性和心理方面均表現成熟。關懷他人心靈的基督徒，其心理靈性必須非常成熟。這包括：

- 並不害怕面對自己和別人的強烈情緒，能夠容忍發生在自己或別人身上的痛苦經驗
- 能對發生在別人身上的事情感同身受，但卻不會將別人的經驗混淆為自己的經驗
- 有合理程度的自信
- 不會期望要獲得關懷對象的喜歡或喜愛
- 能夠從本身或別人的經驗中學習

此外，他們要對神和自己有很深的認識，並讓這認識不斷加增；行為聖潔；因著愛神而渴望服事神；善用獨處的時間；有良好的禱告習慣；內心經常感受到神的同在；不斷追求認識聖經，並以聖經作為生活的行為的最高準則。

這種成熟不會一蹴即至，只會透過豐富的生活經驗累積而成。惟有經歷過人生的順逆、成敗、輕鬆和掙扎、罪惡與赦免、盼望與失望，人才會逐漸成熟起來。經歷過人生種種，因而在心理靈性方面漸趨成熟的人，會對自己和人生相對地表現得較輕鬆。他們亦相對地沒有那麼害怕面對人生中的陰暗、奧祕、不明朗和不受控制的情況。

除非心靈嚮導本身擁有成熟的心理靈性，否則，很難引導別人邁向成熟。要是本身的心理靈性也不健康或不成熟，施予心靈關顧就相當於自己眼中有樑木，卻試圖幫助別人除去眼中的刺。這樣做的人，必須回想耶穌嚴厲的警告，讓瞎子帶領瞎子，兩人將難逃墮入深淵的危險（太十五14）。心靈嚮導只能將別人領到自己慣常所處的地方。

4. 必須具備真誠、誠實、親切、正直和坦率的特質。他們可以在不影響自己和自然的情況下，友善和輕鬆地與別人建立關係。這意味著別人感到他們是和藹可親和易於接觸的。他們予人一種「朝氣勃勃的感覺」。[4]他們能與人真誠地分享自己，以致使人願意與他們溝通和對話。別人會感受到他們的正直為人，完全是表裏一致。

心靈嚮導必須願意以真面目示人，他們不是隱藏在角色背後的演員，也不是只懂得運用工具的技術員。這表示他們將自己真正的自我帶來，與他們所關懷的人分享，而不單是分享觀念、智慧、聆聽技巧和熱切助人的心。他們知道，他們要給予對方的最重要東西，就是自己。要是他們根本沒有一個可以與人分享的自我，或是不願意或不懂得分享自己，他們就沒有甚麼東西可給予對方。參與這項事工的最重要裝備，就是懂得直接、投入和誠懇地分享自己，以致別人感到他們的正直可靠與和善可親。

5. 深深經歷過神的恩典。除非曾經深深經歷過神的恩典，否則，提供心靈關顧的人很可能是出於靠自己稱義和靠行為稱義的心態來參與關懷的行列。他們對別人亦往往帶有不符合現實的期望、不容易寬容別人和過分地嚴厲。惟有深深明白到基督教信仰中的首要真理——恩典——他才有希望擺脱這種心態。因此，除非心靈嚮導親身經歷過這個真理，否則，他們將無可避免地向別人灌輸本身那套無恩典可言的信仰。

凡參與關懷別人心靈的基督徒，都必須深切地體會到神愛罪人，祂願意赦免人的錯失，喜歡給人機會，讓人重新開始。這位神從來不會厭倦去尋找迷失的羊，等候浪子回家，或拯救那些被這世界傷害和遺棄的人。凡願意學效神的樣式，去關懷神的兒女的人，都必須擁有這顆慈愛心腸，靠著聖靈的幫助去施予關懷。

6. 必須深信光明總會勝過黑暗。心靈嚮導的信心最終所指的當然是神。但是，在心靈關顧的過程中，信心其中一個重要的表現，就是堅信光明最終必勝過黑暗。這表示當眼見別人正經歷心靈的漫長黑夜，心靈嚮導仍會安穩地信靠神，知道祂會穿越這些心靈的黑夜並看顧這些人。他們經歷過本身的恐懼、焦慮、黑暗和邪惡，以及神曾經一一為他們解除綑鎖，因此，他們深信神會同樣恩待其他人。為此緣故，他們會「沒有那麼害怕面對真實的人和人的陰暗面，因為他們經歷過的那位神，是愛人和拯救人的神——即使像他們自己那樣充滿了各樣缺點的人」。[5]

這種信心會使心靈嚮導有能力進入別人的痛苦、挫折或焦慮之中，而沒有要立時修補它們的衝動。他們願意容忍黑暗和混亂，因為他們相信惟有人在暗晦和混亂中經歷過掙扎，才會得著最大的好處。所以，他們樂於陪伴別人經歷一切，卻不插手改變人或處境。當然，這正是關懷對象最需要的——有人願意陪同他們面對一切，以致讓他們體會神的恩典也與他同在。

7. 智慧與謙虛兼備。心靈嚮導的智慧，可從他們的適應力、彈性、善解人意和懂得講一些配合需要及情況的說話反映出來。他們已作好隨時給予意見的準備，但卻「只會在別人主動徵詢時才提出，而且完全尊重對方的良知和主見。」[6]他們能夠忍受沉默，一般的表現是聽多說少。但每當他們發言的時候，所講的總是判斷準確和充滿智慧。

至於心靈嚮導的謙虛，在於不會輕率地指示別人應該如何處理自己的問題，或假定對自己有用的東西必然對別人也有幫助。此外，他們不會的把自己的觀念奉為教條要人遵守，以及當別人不接受他們的意見或按照另一種方式去處理問題時，他們不會用令人感到罪疚的方式來作出反應。

誰能夠這樣完美？奧頓提醒我們：「沒有人能做到——至少靠自己是不行的。除非有神的恩典的幫助，支取那超乎我們的能力，我們才會得著智慧去承擔這項工作。」[7]人惟有倚靠聖靈——真正和惟一有資格引導人心靈的那一位——才可能有膽量回應神的呼召，負起關懷心靈的使命。

上述所列的理想，並非表示心靈嚮導都是完美的人。他們就像任何人一樣，會有本身的盲點，有時也會犯上自欺和動機不純正的錯誤；又或是對自己的認識不足，以及偶爾也會被自己的私利蒙蔽，忽略了別人的需要。這其實表示他們仍然是有血有肉的人，但他們一直追求成長，而且這種要求成長的心態已維持了一段頗長的時間。這點便是他們肩負此責任前最好的準備。

基督教心靈關顧的要求

很少行業像心靈關顧那樣費心神。然而，許多人當初都不知道它的要求，便接受了這樣的責任。他們認為有機會環繞別人重要的人生問題進行深入溝通，將會為自己帶來很大的滿足感，所以便投身這項工作。他們最初可能只意識到這項工作的最大要求，不過是耐心聆聽及諸如此類的東西。但事實上，這項使命的要求絕對不僅如此，它的要求針對心靈嚮導的「所是」多於「所作」。

1. 完全誠實。表面上，這要求只是叫人不說謊。但是，說誠實話是更深尋求真理和活出真理其中一個表現，是心靈嚮導必須具備的。基督徒的心靈嚮導既明白到耶穌說真理使我們得自由這句話所充滿的智慧，便尋求以真理為中心、植根於真理的生活，其中一個含義就是絕不容許自己欺騙自己或欺騙別人。他們清楚知道，人很容易為自己活在虛謊中提出很多合理化解釋，但是，他們卻定意活在真理中。

任何人都必須先認清人擁有創作無數合理化藉口和自欺的極大潛能，然後才能踏實地朝向活在真理中的目標邁進。然而，這個活在真理中的立志，卻是參與心靈關顧工作的根本要求；若他／她不是活在真理中，便不能引導別人尋求真理。基督徒當然明白到只有在耶穌基督身上才可找到最終的真理，祂就是真理的化身。但可悲而真實的是，並非所有基督徒都讓人看見他是在追求真理和活在真理中。

活在真理中的其中一個要求，就是不要虛有其表，卻要表裏一致。心靈嚮導既知道應具備哪些特質才符合理想，很容易便會陷入「暫時冒充，直至做得到為止」的誘惑，逐漸便滿足於自己徒有虛假的愛心、同理心、成熟的心理靈性、信心和謙虛。然而，活在真理中的要求，重要過其餘所有理想。即使對人的愛心有限——甚至是對某人全無好感——但活出真理這要求，也要人展示自己真正的感受。心靈嚮導內在現實與外在表現之間的任何空隙，都會使關懷的果效大打折扣。

2. 不斷成長。立志活在真理中，就是立志要成長和進步。我們不能只靠穩守陣地來保持自己的心理靈性健康，因我們總是不進則退。成長有別於年長，它不會隨著時間過去而自然得著。事實上，任由時間的過去往往只會使人失去而非獲得健康和完好的心理靈性。要留住美好的狀態，就必須付出極大的代價——立志活在真理中、更深地認識自己，和以真摯誠懇的態度與別人建立關係。

成長的經驗的確會令我們感到相當愉快——尤其是當我們回望過往——但是，對於要不斷成長，我們卻很容易會感到厭倦。因此，心靈嚮導面對不斷成長的要求——不是所有人都要同樣接受此要求——可能會出現反感，這是可以理解的。例如會計師、醫生、律師、科學家和教師，只要不斷提升專業的知識，卻從來無須面對無休止的個人成長的要求。只有心靈嚮導需要面對這項要求。

3. 不可試圖透過心靈關顧的關係來滿足自己個人的需要。在其他關係中相當合理和可以獲得滿足的需要，若是期望在心靈關顧的關係中也可獲得滿足的話，必然會污染了這關係。例如，心靈嚮導希望自己被人喜愛、被尊重，或證明自己有用，那麼，導引著關係發展的，便是他或她自己的需要，而非接受關懷者本身的需要。造成更嚴重污染的，當然還有喜歡窺人私隱和展示自己能力的慾望、控制別人的慾望、令人感到自己偉大的慾望，和甚至是別人感到不能沒有他的需要。利用心靈關顧的關係來滿足本身的性需要，不用說也知道是不適當；利用這種關係來滿足自己渴求親密感覺的需要，其實也一樣不適當。

基督教心靈關顧乃是一種捨己愛人的行為。正因如此，在心靈關顧的關係中，心靈嚮導必須放下滿足自我需要的慾望。而且，他們還要有心理準備，關懷對象會利用，甚至有時會濫用他們的愛。對比於其他助人者謹慎地提防自己的權利或需要會被侵犯的舉動，基督教的心靈嚮導卻以基督為榜樣，隨時準備因關懷別人的心靈而付出代價。正如耶穌被人觸摸衣服的繸子時會感到有能力從祂身上出去，同樣地，基督教的心靈嚮導投身心靈關顧的關係時，也應當預計自己的能力會被人支取、挪用、消耗和耗盡。儘管每個人本身的缺乏和心智圓滿的程度，將會規限了他可以付出的能力，但是，只要留意一下許多專業的助人者，我們便體會到，我們放下個人需要的能力，其實是遠超我們可以想像的。

當然，若任由別人不斷濫用或錯待我們，或任由他們的需要摧毀我們的自我，甚或我們重要的人際關係，我們根本就無法真正地服事他們。但是，在這個極端與完全不願意被人利用或濫用的另一個極端之間，存在著很大的距離。跟隨主走這條捨己道路的基督教心靈嚮導，將無可避免地要付出代價。

在付出自己來支持別人內在生命成長的過程中，委實要心靈嚮導面對很多的要求。除了上述指出的幾點，心靈關顧關係還要面對以下的各種挑戰：設定界限、保密、真誠地對話和容讓對方成長以致超越及離開自己。當意識到心靈關顧原來要面對如此重大的挑戰時，結果有二：一就是使人癱瘓，一就是引領人去倚靠神。凡有信心接受神的呼召，肩負此偉大使命的人，必須同時知道，神必裝備和不斷加力給祂所呼召的人。

基督教心靈關顧的挑戰

踏進二〇〇〇年，要提供有基督教特色的心靈關顧實在面對相當多的挑戰。在一個逐步超越世俗化、再次對神祕的事情感興趣的社會，教會卻一直被擠到邊緣位置。為數眾多的人因著物質主義的破產而重新醒覺到心靈的重要性，於是便在一個對神聖和靈界事物漸次恢復興趣的社會中追求人生意義和目的。但遺憾的是，他們在追求靈性的過程中，往往願意對任何靈性觀開放，卻單單對基督教的靈性觀不感興趣。更諷刺的是，對心靈的興趣一方面使這方面的書籍迅速變成熱賣之作，但另一方面，卻又迅速謝絕基督教為心靈深處的需要所提供的答案。後現代的人經常批評基督教要為現代的罪惡負責，因此，基督教的心靈關顧方式亦經常要面對人的不信任和不滿。

向那些仍然保留基督徒身分的人提供具基督教特色的心靈關顧，也同樣需要面對很大的挑戰。西方信徒自少在治療式文化中長大，已習慣從臨床角度來看心靈關顧。這種看法會把心靈關顧視為一種治療方式，由某位具有專業能力的人提供，目的是為人解決問題。故此，由非專業人員提供的關懷，便往往被評為未及水平；追求具基督教特色的關懷，很容易便被人視作無知的屬靈要求；而對專業人員所提供的關懷，則期望要採納臨床心理治療的規範和方式。

儘管面對這一切挑戰，但是，從真正的基督教立場提供心靈關顧——以基督教傳統的屬靈財產和對靈性需要的理解為基礎，再配合從心理學最精闢見解得出對心理靈性的認識——卻仍是極多人所渴求和需要的。這種關懷有復興教會服事教內外靈性追求者之潛能。

凡希望自己以上述的態度來關懷別人心靈的基督徒，必須面對以下的七項挑戰：

1. 防範自己的關懷逐漸失去人性
2. 建立整全的內在核心

3. 不斷鞏固更新心理靈性的資源

4. 不讓專業精神淡化基督徒的使命感

5. 重新發掘故事對建立和改變人的能力

6. 發掘基督教心靈關顧的獨特資源

7. 避免因「**所作**」(doing) 的犧牲了「**所是**」(being) 的

1. 防範失去人性。我們曾經指出，心靈關顧是涉及兩個或以上的人的，以布伯所稱的「我—你相交」形式所建立的關係。這種深入的人際關係是一切真誠對話的基礎，亦是推動心靈關顧關係進深的動力。

儘管心靈關顧必須以具備人性的關係為基礎，但是，現實中卻存在不少拉力，隨時會使關懷趨向非人性化的危險。其中一種拉力，就是我們先前提過的專業化。以專業化態度來提供關懷，雖然會使服務達致令人讚許的水平，但卻同時強調人所作的多於人的本身，重視技巧多於付出自己。專業態度亦預設了提供心靈關顧者要把他與關懷對象的關係，視為本質上並不對等的關係。按照這種看法，關係的一方是給予者，而另一方則是接受者。在**大前題**就否決互相關懷之同時，其實也同樣摒棄了真誠對話之可能。儘管不是所有心靈關顧方式都可以建立完全平等的相互關係，但是，採取專業化立場卻往往很容易引導關懷者建立傾向非人性化的關係。事實上，專業化是一股去除人性的強勁力量：專業人士的自我根本就不牽涉入任何關係之中，他／她不單沒有擴闊自我，而且還完全隱藏在角色背後。

治療式心靈關顧所側重的臨床治理，亦構成失卻人性的危險。治療員因強調診斷、病態(不論是靈性或心理方面)，或甚至是理論，也會使他把所接觸的，視為一堆堆概念，而不是有血有肉的人。反之，我們若抱著一種嘗試的心態，那些心理靈性動態的有關模式就仿如一張張勾劃了地勢的地圖一般，對我們認路很有幫助。但是，另一個挑戰就是我們不可忽略它們只是粗略的地圖。

還有另一個挑戰，就是要抗拒讓心靈關顧淪為純熟的技巧運用之誘惑。只要我們把技巧理解為分享自我的原則，那麼，技巧將可以大大促進關懷的素質。但是，若然技巧成為一種讓心靈嚮導避免真我參與關顧過程的工具，技巧則只會使關係變得非人性化，成為我—它的接觸形式。

2. 建立整全的內在核心。關懷別人心靈者本身必須具備整全的人格，而理想中的正直品格，只是完整人格的一部分，完整不單只表示有美好的道德，它還包括有整合和成熟的心理靈性。

心靈嚮導就是心理和靈性成熟的人，而這種整合而成熟的心理靈性的核心，便成為他將生活經驗與存有互相結合起來的基礎。一個真正整全的內在核心，不會容讓有少許經驗成為這核心的漏網之魚，脫離人格來獨立處理這些經驗。這意味著這個人不會有一個專門處理與神的經驗有關的靈性部分，又另有一個處理與人的經驗有關的心理部分。他與神的經驗將觸動和改變他整個人，同時，這等經驗將成為一個核心，為其他一切事情提供意義、方向和整合。

有整全內在核心的人，他們的心理和靈性將不斷成長。他們那種矢志要活出真我的決心，促使他們以一顆單純的心來過活。這種單純的存有，按照祈克果的說法，就是全心全意愛一個對象。惟有圍繞獨一主宰的影響來整合的內在核心，才會有一顆單純的心。對基督徒來說，那就是神的愛。

3. 不斷鞏固更新心理靈性的資源。參與心靈關顧工作的基督徒，本身的需要亦要不斷透過與別人所建立的關係而獲得充分滿足。惟有如此，他們才可以在關懷別人的時候，放下自己的需要。

心靈嚮導要讓本身的心理靈性資源得以更新，就要學習與神和別人持續保持親密的關係。要建立和維持心理靈性健康和成熟，他們就必須學習在這些關係當中親密而真實地生活。這些關係成為他們剖白自己，並且獲得接納和肯定的地方，這樣，他們才有能力給別人付出關懷。換言之，若心靈嚮導想與別人分享恩典，他們本身就必須從神和別人的重要關係中獲得恩典。

要是關懷者內心的需要得不到滿足，或是心力沒有獲得更新的機會，結果不是不能再付出甚麼，就是心力耗盡。這種心力的耗盡會使人流於表面化，而不是活出真我。這種情況其實極之普通；活在這種光景中的關懷者，失去了進入那種真正基督教心靈關顧的深入溝通和對話的基礎。只有從內心湧流出來的生命，才能幫助別人邁向基督所應許的豐盛生命。但是，要從內心深處活出生命，人的深層需要不斷被滿足，心力不斷被更新。

4. 不讓專業化精神淡化基督徒使命感。自古以來，心靈關顧一直被視為一個宗教使命。這意味著它既是宗教工作，又是回應神呼召而承擔的事奉。這便是基督徒所理解的使命的核心。

自十八世紀開始，關懷者需具備成熟靈性這項傳統要求，便被專業訓練所取代，與關懷工作有關的宗教呼召和基督徒使命感，逐漸被專業主義所侵蝕。這種在十八、十九世紀仍屬雛型的發展，隨著治療式心靈關顧在二十世紀的興起，便愈趨熾熱。專業化的心靈關顧意味著人無須再被動地等候神的呼召，他可以主動地尋求訓練的機會和考取有關的資歷，為自己投身這項工作而鋪路。牧職人員可以尋求進深的臨床牧養訓練，而輔導員和心理治療員則爭取學習更多治療技巧。即使是靈性導師之職，現在也可以透過專業訓練和考獲認可資格而預備「執業」。

這種裝備與基督徒的使命感並非不可兼容，但是，它卻很容易令使命感變得模糊不清。專業主義很容易導致基督徒不再重視工作背後是否有神的呼召——那服事神的國度和作僕人的呼召。失去了呼召，心靈關顧只不過是一份工作。可悲的是，許多心靈嚮導似乎都陷入這種光景。但假若心靈嚮導認定他們的工作是為了回應神的呼召，他們對人的服事便會出於真誠的愛心，也甘願以僕人的身分來看自己與別人的關係。這正是心靈關顧的要素。

教會需要重新喚起這種強烈的使命感——不單認定參與聖工是出於神的呼召，我們在日常生活中所做的一切，也是回應神的呼召！心靈關顧並非基督徒惟一的重要使命，但卻是事奉工作的重要一環。事實上，它是如此的重要，以致只能用回應神呼召的心志來承擔，絕對不能以選擇職業的心態來看待。

5. 重新發掘故事對建立和改變人的能力。我們先前曾經指出，心靈關顧的關係，是以對話作為動力核心；此刻，我們必須留意，故事在對話過程中所佔有的位置。基督教特別重視講述故事，這傳統來自猶太教，藉此叫我們記念往事，以及從歷史中汲取教訓。耶穌也是這樣做。事實上，透過講述故事來跟人建立關係，正是耶穌關懷別人的一個主要特色。

敘事心理學家指出，人類基本上是透過編造故事來明白自身的經驗。他們亦認為，講述故事無論對於建立個人身分，或是醫治情感創傷，都具有重要的作用。[8]人類似乎需要將本身的經驗以某種形式連貫起來，於是，我們便會將發生在自己身上的事情編造成一個個故事。這些故事便成為我們界定本身身分，以及為生活整理出一個秩序的途徑。

由於我們的自我詮釋對建立本身身分有著根本的影響，同時，我們也是透過這種詮釋來理解自身的經驗，因此，與別人分享我們的故事便能夠對我們的成長和得著醫治發揮重大的作用。心靈關顧容讓別人有分享其故事的機會，然後幫助他了解自己組織故事的方式所隱藏的含義。

聽故事、講故事和處理故事都需要技巧。但這不僅是技巧，更是態度。它有別於臨床專家在提供專業治療時，經常採取的那種態度；它更有別於宗教人士在傳道前，有禮貌地耐心聆聽別人講述自己的那種態度。反之，那種足以讓大家深入對話的關係，就最適合分享這些故事。在這種關係中，心靈嚮導會努力避免臨床專家那種講求效率的態度，也會避免利用別人的故事入手，乘機說教或勸人接受信仰。講述和聆聽雙方都切勿急進，並且要以認真的態度來處理。那些關懷心靈的人需要透過別人的故事進入別人的內心世界。正如甘堡曾經指出，一位具有創意和認真投入的聆聽者，可以把講得很混亂的故事，變成為一齣真實的戲劇，讓人在當中找到盼望，獲得成長及醫治。[9]這便是基督徒藉對話過程進行心靈關顧的一個挑戰。

6. 發掘基督徒心靈關顧的獨特資源。那些一直以來用以滋養和承托心靈關顧工作的資源，在過去一百年卻變成毫無用處，甚至是為人咎病。當中許多資源，隨著心靈關顧被錯置為臨床治療而遭到棄用，我們實在有重新發掘這些資源的必要。

這種發掘應以神學用語作為開始。在當代有關牧養關顧、輔導和靈性指導的著述中，下列這類用語明顯不見蹤影：罪的觀念主要被「病態」一詞所取代，還有「頓悟」取代了「寬恕」，「無條件接納」取代了「恩典」，「成長」取代了「成聖」，以及「完全」取代了「聖潔」。儘管這些以及別的心理學用語翻譯也有其價值，但是，用它們來替代豐富的神學觀念，卻是一大損失。我們不是要丟棄心理學的用語和觀念，我們只是要重新發掘和運用長久以來一直為心靈關顧提供指引的傳統神學觀念。

更加重要的，是重新發掘那些長久以來在基督教心靈關顧關係中佔著重要位置的宗教行為。祈禱、默想、施行聖禮、按手祈禱、抹油、讀經與研經，以及閱讀宗教或靈修著述等，都在真正的基督教心靈關顧中佔有重要位置。當然，運用它們的時候必須小心，不可造成對話的障礙。基督教心靈嚮導應避免隱藏在這些宗教行為的背後，藉以迴避深入和個人化的溝通。以機械化、律法主義的態度，或變戲法的方式來運用它們就更加不當。這些宗教資源的本質，是要在神與接受關懷者之間建立具有影響力的關係。用得合宜，它們可以提供獨特的幫助，讓當事人直接進到神的面前，得著神親自的眷顧、醫治和加力。它們若能促進這種個人與神相交的關係，就是基督教心靈關顧工作的一項無可取代的貢獻。

最後一種必須重新發掘的基督教獨特資源，就是基督徒羣體。在治療式文化的影響下，心靈關顧逐漸變成單對單地進行。即使是基督徒輔導，一般也保留了這種個人化形式。然而，正確來說，基督教心靈關顧絕對不該是個別信徒的行動，它是教會整體的事工。個別信徒可以提供關懷，但其關懷的目的卻是代表教會整體。倘若心靈關顧乃是基督徒的使命，它便當然是神國的服事。教會整體應該意識到她是整個羣體參與關懷行動，並且善用羣體的資源。

7. 避免因「所作」的而犧牲了「所是」的。基督徒心靈嚮導必須盡辦法要確保自己緊記，他們不是替人消災解難，乃是透過付出關心，引導接受關懷者與基督建立緊密的關係。因此，他們可以被視作恩典的助產士。[10]心靈關顧的有效成分不是人的引導，乃是神的恩典，心理靈性的任何成長和醫治，都完全是出自神的恩典。因此，心靈嚮導只是恩典的助產士。

基於這個原因，對尋求基督教心靈關顧的人的生命來說，關懷者本身的生命的「**所是**」，比一味死做「**所作**」的來得重要。一味死做正是心理靈性增加深度和內涵的大敵。心靈嚮導必須學習如何獨處，但更重要的，是培養一顆恬靜的心靈。或是換轉另一種說法，那些希望關懷別人心靈的人，若要給別人提供一個避難和安靜之所，就必須有一個寧靜平和的內心空間。曾經有人用很美妙的方式來述說這個道理：「我們可以使自己的生命變得波平如鏡，以致來到我們面前的人可以看見自己的形象，並且，因為我們的寧靜，他們的生命可以有一刻活得更澄明，或甚至更精彩。」[11]欠缺這個寧靜的空間，人可以給予別人的便非常有限。有了這個空間——尤其是當它經歷了基督的靈的模造和充滿——不用做甚麼，只要與別人同在，那便已經是一份恩典的禮物了。這正是基督教心靈關顧的目的。

11

接受心靈關顧

直至此刻，我們的焦點一直放在提供心靈關顧之上。來到本書的最後一章，我們不妨將目光轉移到接受關懷的那一方，誰需要心靈關顧？在眾多關顧方式中，我們應該選擇哪一種？又該如何尋找合適的人來關懷自己？如何準備自己去接受別人的關懷？這些都是我們會思考的具體問題。

誰需要心靈關顧？

這個問題的最簡短的答案是：所有人。人是羣居的生物。這意味著我們的生活需要他者，而更重要的，是我們若要從內心深處活出自己的生命，就更需要別人。我們要質疑任何在關係以外所發現的身分、目標、意義或信仰。透過與別人的對話，將大大有助我們發現自己內心世界的羅盤，和容讓自己一直在它的引導下生活。

任何人都不應該試圖在靈性路途上孤身行走。雖則任何一位同路人都可以給予我們支持和鼓勵，但假如他們比我們更遲起步，他們可以提供的幫助便始終有限。我們需要更有經驗的同伴，以致他們可以幫助我們辯認出哪條是錯路，提醒我們避免路途上的危險，和教導我們辨別那位心靈的引導大師所提供的方向指示。最理想的，是每一個人在人生旅途上的不同關口上，都有這樣的靈友同行。

有些人有幸在整個成年的歲月都有心靈良伴同行。倘若婚姻中的配偶正是理想中的靈友，那麼，雙方為對方所提供的心靈關顧，將是其他人倫關係極難以企及的。不過，即使有這樣美好的婚姻關係，夫婦雙方仍需要有本身的朋友。否則，彼此對關懷的渴求便會超過婚姻關係所能負荷的程度，甚至提出超過婚姻關係所能提供的要求。除了配偶以外，重要的朋友也可以是深入和忠誠的心靈良伴。不過，即使有幸獲此良朋，有時候我們仍需要有其他人給予我們其他方式的心靈關顧。

友誼這關係，不論是婚姻的還是非婚姻的，是最能提供相互心靈關顧的園地。正如前幾章已經指出，這種相互關懷正是其他一切關懷之基礎。所有人都需要這種相互關懷的關係，但是，在人生中的某些時刻，大多數人亦需要某種較特殊的心靈關顧。以下四個類別的人特別要留意自身對此等關懷的需要：

1. 所有想提供心靈關顧的人
2. 所有想掙脫內心束縛的人
3. 所有想自己的心理靈性邁向更成熟、更有深度和更有活力的人
4. 所有想尋求幫助，為自己的人生建立一套道德觀的人

1. 想提供心靈關顧的人。若想提供心靈關顧，自己就先要接受別人的關懷。這包括所有要作傳道或輔導工作的牧職人員，所有輔導員和心理治療員，所有靈性導師，所有教師和領袖，所有會薰陶別人和要照顧別人的人，以及所有想孕育兒女內在生命的父母。上述這些人士全都期望自己能引導別人達致完全和美好的境地，那麼，他們本身就必須具備成熟的心智。惟有透過接受別人的關懷，才有可能獲得健全心智的成長。

2. 想掙脫內心束縛的人。若因為任何東西而受傷——姑勿論是受制於過往某些經驗，抑或為將來的事而憂慮——以致不能完全自由和全情投入地活於現在的人，都應當尋求心靈關顧。這些內心的束縛可能源自沒有治癒的情感創傷，上癮的習慣或強逼性的行為，無法體會到神的愛或神同在的恩典，精神困擾或其他原因導致不敢去流露愛或感情，或是很難去給予或接受寬恕。那些較為深入的心靈關顧形式，能夠提供一些獨特的幫助，讓當事人有掙脫內心束縛、重享心靈自由的可能。那些自感生活在重重綑鎖中的人，極需認真地考慮尋求其中一種具有治療作用的心靈關顧模式之幫助。

3. 想自己的心理靈性邁向更成熟、更有深度和更有活力的人。有些人完全有進深成長和生活得更有活力的可能，只欠沒有打開通往成長之路的大門。這些人很幸運，從來沒有遭遇過嚴重問題，而且在表面上，生活也可能很稱心如意和滿足。在別人眼中，他們更可能是心理和靈性成熟的典範，然而，他們的內心深處，卻感受到有聲音呼喚他們去進一步追求某些東西。他們可能感到靈性有點兒枯乾，對呼召感到迷糊，渴望更深地經歷神的同在，渴望變得更完全或聖潔，或是希望更清楚地認識自己。這些都是靈性渴求其中一些表現形式——聖靈向心靈發出呼喚，邀請他們去經歷一個更有深度、更完全和更豐盛的生命。凡想自己的心理靈性更趨成熟和更有活力的人，都可以心靈關顧的關係中得益。

4. 想尋求幫助，為自己的人生建立一套道德觀的人。 有些人可能突然間要面對一些情況，令他們自覺有需要重新反省或重整自己的道德觀。他們可能做了一些有違道德的事，便質疑自己的道德指標為何如此脆弱，以致不能制止自己那樣做。另一些人可能做了一些事情，完全違背了他們一直深信的道德原則，以致他們自覺有需要反省自己的道德觀。但亦有人可能只感到有需要定期作出反省，看看自己的人生是否保持在正常的軌道上。有甚麼處境比這些人找著心靈關顧的關係，讓他們在這關係中反省來得更好？

大多數人在一生之中，總有某個時刻發現自己屬於上述某一個類別的人，有時甚至同屬兩個或以上的類別，故此，我們每一個人都不斷需要相互的心靈關顧，而且間中亦需要輔以特別的關懷形式。互相關懷形成我們心理靈性成長的支援基礎，但許多時刻要由較深入的心靈關顧形式補足。在那些時刻，我們該怎樣選擇最佳的心靈關顧形式呢？

選擇最佳的心靈關顧形式

尋求心靈關顧的人，他本身的需要和情況，當然是採用哪種形式的決定因素，但以下的一些基本原則，亦可能有助選擇：

1. 提供心靈關顧者本身應該接受過自己所提供的心靈關顧形式。人怎假設自己有能力引領別人去一個本身未曾到過的地方？但這正是許多心靈嚮導試圖去做的事情。因此，如此類推，心理治療員應先接受心理治療，靈性導師應先接受靈性指導，教牧人員和其他基督徒輔導員便應該先接受本身提供的輔導形式。

2. 提供心靈關顧者本身亦應親身體驗其他心靈關顧形式，以補足自己那一套方式。因此，基督徒輔導員和心理治療員應該接受靈性指導，而牧養輔導員和靈性導師則應該親身體驗基督徒輔導或心理治療。若然可以，各個組別的關懷者都應該考慮經歷一次結合靈性和心理關懷的深切心靈關顧。

3. 關懷者本身提供的關懷愈是對人有影響力，就愈有需要尋求更加有深度的心靈關顧，藉此確保對己對神都有深入而真實的認識。要是所有牧職人員、領袖，和教師都曾接受過靈性指導和基督徒心理治療，他們的心理靈性會更健全和更成熟，這便能大大提升他們服事神國的能力。此外，因著他們對自我的認識，便能減少偶爾出現濫用職責來滿足自己的可能。

4. 當人生出現重大的苦難，那就是尋求以治療為重點的心靈關顧方式來幫助自己的時候。某些形式的輔導或心理治療，將有助我們面對一些造成心靈束縛或情感創傷的問題。

5. 渴求靈性成長的人，應考慮尋求靈性導師的指導。凡渴望更深認識神，更清楚明白神的旨意和過著合乎神旨意的生活，或是渴慕更完全地活出神形象的人，都可以透過這種心靈關顧模式而得益。靈性指導適合所有信徒，只要他有心聆聽神的呼召，願意以禱告、順服、聖潔、服事和愛的生活作為回應。

6. 曾經接受過某種心靈關顧形式的人，當下次再有需要的時候，可考慮嘗試另一種形式。每一種心靈關顧方式都有其特色和重點目標，彼此是互相補足的。所以，當人在人生不同階段自覺需要別人關懷時，可考慮嘗試另一種模式。

7. 普遍的準則，是人不應在同一期間尋求多過一個具治療性質的心靈關顧關係。因此，人不應在同一期間見兩位輔導員或心理治療員，或一位輔導員和一位心理治療員。不過，同一期間接受靈性指導，卻可與輔導或心理治療互相補足。尤其是當輔導員或心理治療員並非基督徒，或當事人想從靈性角度探索治療過程所顯示的問題時，這樣做是可行的。倘若所接受的牧養輔導也傾向於解決問題、強調治療性質，那麼，也可同時輔以靈性指導。

選擇心靈嚮導

選擇合適的心靈嚮導，跟選擇合適的心靈關顧形式同樣重要。由於不同的心靈關顧形式之間經常出現重疊，而它們亦有很多共通點，所以，形式的選擇有時也屬於次要。但是，真正提供關懷的是心靈嚮導，他比任何其他東西更能影響關懷的素質。

尋找合適的心靈嚮導往往是很富挑戰性的。有時，選擇有限，人選也許只有教會牧師或社區中某位基督徒輔導員。儘管向已經認識的人求助可能會減少輔導時的不安，但是，與對方在其他場合再接觸卻可能會產生尷尬。有時，亦會因為不清楚輔導的過程或自己的目標，而造成選擇的困難。我們通常較容易知道自己最不想要的是甚麼，多過知道自己想要的是甚麼。

尋找心靈嚮導的第一步，最好是經由曾經接受過有關輔導而得著幫助的朋友介紹。不過，這未必表示別人推薦的就是合適人選。要知道合適與否，最理想的方法是直接與對方談談，或退而求其次，用電話簡略談談。當你安排這一步時，要清楚自己只是想作初步了解，藉此幫助你決定對方是否能幫助你的合適人選。倘若你接觸的對象一般要收取服務的費用，那麼，當你安排面見的時候，便應該準備支付有關費用。如果對方不願意安排這類初步會面，不要感到氣餒，可反問自己會否憑信心一試。但可能你已因此而認清對方不合資格，這使你的挑選工作更容易進行。

在初次約談中，你可以嘗試了解那心靈嚮導會採取甚麼取向，以及感受對方是一個怎麼樣的人。你要判斷自己是否願意讓這個人來幫助你。當然，他對關懷所持的觀念是其中一個值得考慮的因素，但你對他的感覺也不可忽略。

當你問及關於關懷性質的問題時，有些人將會很清楚地指出他們所依據的某一套理論架構，或講出個人對關懷的理念；但亦有些人則表達得較為含糊，或甚至不會詳細說明。有些心理治療員的專業常識告訴他們，若求助者問有關心理治療員會以甚麼取向來幫助他們的問題時，即暗示求助者會抗拒治療式的關係，於是，他們可能只願意提供最基本的答案，而不願講述太多。這當然使人難於了解其工作或為人，而且，這還傳達了一個信息，就是這些心理治療員並不願意在關懷過程中投入自我。姑勿論他們可以提供甚麼，總之將不會是第七章描述的那種深入、人性化的對話溝通。

一般來說，對於可以提供甚麼幫助這個問題，所得到的答案，應該有助當事人決定對方是否適合幫助自己處理當前問題的合適人選。當你聆聽對方講述他將會提供怎樣的幫助時，你應特別留心他如何設定自己和你的角色。你是否明白他的説話？如果有任何不明白之處，便不應猶疑，該問個清楚。對方所講述的是否令你產生信心，使你有立即與他投入關係的衝動？此外還得留意他如何聆聽和回應你的問題。你是否有機會主動參與這個過程，抑或只是被動地接受或成為受惠者？倘若對方尊重你的問題，那麼，他也會尊重你這個人。反之，他若不尊重你的問題，他也不會尊重你。

在談話的過程中，你可以詢問對方的資歷和經驗。按第九章所描述的，當人在心靈關顧的層級中上移的時候，這些問題便尤其重要。輔導員和心理治療員都應該接受過認可的訓練，以及具有相關的專業資格。由於靈性導師的訓練課程在相當近期才推出，所以，提供這種心靈關顧形式的人未必接受過正式訓練。不過，他們應該可以講述他們曾有過的非正式訓練，當中通常包括自己接受過別人的靈性指導，以及有關的工作坊或閱讀坊。問及對方如何保持個人成長和進步，亦是有用的問題。他有否投入固定的心靈關顧關係？他是否意識到自己若不能保持個人成長，對於他所提供的關懷將帶來限制？

約談完畢後，反問自己是否喜歡和尊重剛才與你談話的那個人，喜歡和尊重是兩個促成心靈關顧的重要元素。倘若你根本不喜歡那人，實在很難建立良好的關係；要是你並不尊重那人，那麼，溝通也再無意義。假設經過整個關懷的過程之後，你會變得很像這個人。在某個程度上，這是經常有可能發生的——尤其是當你們雙方都認為過程有美滿的成果的時候。因此，你接受心靈關顧後將會達到的成果便有了清楚的指標。你喜歡你眼前的這個人嗎？

那人若是很緊張、嚴苛、教條化或全無幽默感，將很難幫助你進到他未曾經過的自由和圓滿的空間。但是，那些令你感覺到他是真誠、對別人的事情感同身受、朝氣勃勃和為人正直的人，相信便可以幫助你到達他已達致的某些地步。你眼前看見的，將是你會獲得的。因此，要留心觀察、主動詢問和審慎判斷。

無論你選擇了誰，你還可以在過程中繼續檢討。這並不表示你對心靈嚮導本身或過程一有不滿就終止關係。它乃是表示，當你所獲得的幫助並不符合你的期望時，你就應該清楚告訴對方。在未曾與對方討論你感到不滿意的地方之前，不應謬然終止關係。你應有心理準備，過程中有進展之餘，也會有掙扎、經歷心靈的黑夜和倒退的情況，但如果你一直覺得所獲得的幫助，並不能滿足你的需要和期望，就不該害怕終止關係，另找其他人幫忙。

準備接受心靈關顧

基督教心靈關顧涉及與自己、與神和與別人的深入溝通。因此，準備進入溝通之前，必須先反省自己與上述三方面的關係。

自我反省要輔以一連串的操練。首先和最重要的，是獨處的操練。為開始一段心靈關顧關係而花時間整理一個安靜的心靈空間，將大大有助接受關懷之成效。對於通常只習慣用頭腦多過心靈祈禱的基督徒來說，學習默想式祈禱將會是一個會帶來改變的操練，方法是學習安靜地坐在神面前、凝望著祂，讓祂而非我們的說話填滿我們的意識。我們若不要生活只得充塞，也要求自我圓滿完整的話，就必須準備一個安靜的內心，和在神面前靜默。這種以默禱為主的獨處方式，正是孕育心理靈性成長的最佳環境。它所創造的空間可以讓一個新的自我在裏面建造成長。而且，這種操練不單只有助往後接受心靈關顧的過程，亦可以保持內心世界的澄明。

寫日誌的操練，對於日後接受心靈關顧也有獨特的好處。它亦可與默想的操練配合起來，用以反映個人的生命，包括本身的行為和反應、情緒和思想。它也是用以反省夢境的最佳地方。在進入任何一種心靈之旅之前，嘗試分析自己的夢總會有一定的作用，尤其是同時以禱告和請求神藉著夢來讓你看見某些有助個人成長的東西。

養成寫自傳的習慣，對思想自己的問題以準備接受心靈關顧，是極為有用的。故事的焦點應該集中在自身期望探討的內心問題。例如，倘若自己最關心的是體驗神的同在，那麼，故事便應環繞自身對神的經歷——不論是感受到祂的同在，抑或是不能感受到祂的同在。又或是，若自身最關心的是與怒氣有關的，那麼，故事的焦點便要集中記錄自己曾經合理地發怒，或在面對挫折時發怒，以及成功地處理怒氣或不當地發洩怒氣的經過。同樣地，要是某人想探討真實與虛偽的問題，那麼，他就該從日常生活的具體事件，檢視內裏的自我是否與本身的行為表現相符。這些日誌只是一些片段紀錄，並不是完整的故事，不過，它們已是很好的參考大綱。

這些寫於心靈關顧中的自傳與可供公眾閱讀的自傳不同，它是完全為自己而寫的。因此，寫的時候便要絕對誠實。當事人應該祈求神幫助自己看清自己和自己的故事。虛假的謙卑或自誇都應避免；記著，讀者只有你本人。目的是為了讓你更明白自己，對於神呼召你去認識祂、尋找真正的自我和因著愛而順服祂，你究竟作出了怎樣的回應，反省你在屬靈路途上的進展，應該可找出一些要進一步處理的問題。這便是寫自己心靈關顧的自傳之目的。

寫這類故事往往會帶來很大的收穫。不少人試過之後，以後都會定期補充最新的資料，並且以此作為年終檢討的一部分。心靈關顧的自傳是一種檢視生命的方式，也是一種明白自己的故事的方式。你對自己講述自己的故事之後，通常會較易與別人分享你的故事，和以你認識自己的那一面與他人接觸。

另一個會帶來豐富成果的操練，就是以默禱的心反省自欺的典型模式。倘若人真的要經歷成長，那麼，他不單要在理性層面認同神學上的教義，知道人心是詭詐，而且，他還要個人體驗這個真理。我們若要真正認識自己，就必須具體知道自己如何扭曲真理，和試圖改變現實的真像。我們會藉著合理化解釋(用合理但卻並非真正的理由來解釋自己的行為)、否認(拒絕接受不符合自己意願的現實)，和投射(拒絕接受某種表現是屬於自己，更反指是屬於別人)的方式，以不同程度活在虛謊之中，而不願活在真理中。找出自己慣有的自欺模式，將大大提升日後在關懷過程中的成效。

我們同時要反省某些屬於病態的症狀，例如偏執、上癮、焦慮、抑鬱和憤怒，這些都是心靈發出的聲音，告訴我們內心世界出現了問題。這些症狀往往可以透過治療而消除，但可惜，它們卻總是「太過重要」，以致悄無聲色。因此，我們必須識別它們的信息，把深藏不露的心理靈性的紊亂糾正過來。然而，除非症狀得以減輕，否則，我們很難做到這點。藉著神的恩典，藥物和心理治療均可以緩和這些症狀。但即使完全處理了這些症狀，我們仍要留意它們，視它們為心靈的呼聲。

反省自己所害怕和憂慮的事情也是有用的預備。我們的焦慮對我們傳遞了一個重要信息，就是我們如何評價自己，我們自覺需要甚麼東西才能完全。例如，我們可能發現在恐懼失敗的背後，還有一個更根本的恐懼，就是害怕被人發覺自己招搖撞騙。當然，這暗示我們真的認為自己招搖撞騙，這提供了非常值得進一步反省的資料。同樣地，畏懼失去別人的尊重、害怕受苦或陷入經濟困境等等，都顯示出我們的缺乏和我們如何與這些缺乏相連。兩者都值得我們深入反省。

有些人並不自覺焦慮的存在。其實，他們是把注意力集中在所做的事情上，藉此躲避焦慮。在強逼、執著和過度反應等行為背後所隱藏著的，是規避焦慮的心理策略，目的是幫助我們迴避焦慮所帶來的痛苦。此外，我們亦可以從自己如何逃避獨處和親密關係之中，發現這些心理策略。人生存在世，總免不了有焦慮。它的存在，其實是告訴我們，我們是活著的。完全不感到有焦慮，只是告訴我們，我們正以過度保護自己免除和消除焦慮的方式來生活。了解自己如何成功地除去焦慮，必然對我們的成長帶來啟發性的作用。

接受基督教心靈關顧的事前準備還包括反省自己的屬靈生命。事實上，不論在接受關懷的之前和之後，我們都應該小心地在以自我為焦點和以神為焦點兩者中間取得平衡。其中一個可以用作靈性反省的架構，是本書第五章所描述的基督徒靈性。透過這個架構，我們可以評估自己靈性健康的狀況，並且留意那些相對地軟弱、不足或呈現病態的地方。例如，某人可能察覺到自己完全聽不到聖靈對他的呼喚，從而發現自己所做的事情，正使自己對屬靈的事物變得麻木。又或是，有人可能留意到自己對信仰缺乏委身，也不熱切於追求靈性成長，或對神對己都缺乏深刻的認識。又或是有人可能察覺到自己的信仰方式太個人化，完全脫離了基督徒羣體，和沒有適當地在世上參與國度的使命。

我們亦可以藉用新約聖經對聖靈的果子(加五22～23)和愛(林前十三章)的描述，來評估自己的靈性是否合符標準。不過，這樣做的時候，最重要是抓緊神的恩典；否則，這些靈性的標準便只會成為壓力的來源，而不是信仰成長的推動力和指引我們成長的方向。

除此之外，反省個人的屬靈生命，還應該包括反省自己對神的經歷。我對神的觀念，是否與我的經驗相符？我怎樣經歷神的愛？我是否明白神對我的旨意？過往曾否有某些時刻，我比現在更能經歷神和明白神？若然真是有過這種經驗，又該怎樣解釋？我是否深信神垂聽我的祈禱？從我的祈禱方式和習慣中，我學到甚麼？這些或有關的問題都能夠讓我們有反省信仰的機會，這都是接受基督教心靈關顧前的最佳準備工夫。

最後要反省的，是自己與別人的關係。透過我與至親的相處方式，我了解自己是個怎樣的人？我哪方面最能吸引人？甚麼事情最容易使我生氣？我最害怕甚麼東西？我是否能釋然地以至真至誠的我與別人建立關係？當我不是以真我待人時，我又會創造一個怎樣的虛假自我來減輕我的焦慮？我慣常用哪些方式來控制別人？在哪些情況我特別喜歡這樣做？我怎樣處理人際關係中的衝突、性慾、親密接觸、生氣或憤怒，以及失望？它們都是我們反省自己的人際關係時，其中一些值得反省的問題。

反省自己與不同的人相處時，會表現出自我的不同面貌，這會讓我們有機會認識和接受自己有眾多不同的自我。我們每個人都不僅有一個整合的自我。自我的某些割裂的部分是我們意識到的，但亦有另一些部分，是我們不察覺的，但是，認清和擁有這些割裂部分，對我們控制各種人際關係中的表現有很大的價值。例如，與某人相處時，我們會表現出一個俏皮的自我；但在另一種關係中，我們則表現出一個拘謹、愛出風頭、競爭心強，或畏縮的自我。它們未必是虛假的自我，它們只是我們以自我為中心、執意創造出來的自我；它們不單不是出於神的心意，更是有別於我們在基督裏所發現的自我。它們往往都是真我一些不完整的部分，有待我們修補。

不少人在童年時代曾受過嚴厲的管教，只容許他們表現出自我的某些最被大人接納的部分，於是，他們便習慣否認有另一些不完整部分存在。令人惋惜的是，這種否認只會妨礙我們經歷基督想改變我們內心的善意。惟有透過我們承認自己並不完整，和願意將它們暴露在神面前，我們才有獲得健康的心理靈性的機會。夏德遜(Trevor Hudson)在解釋基督將神的國比擬為筵席時(路十四16～24)指出，神的國就在我們心中，這個筵席正是神要改變我們內心的過程：

> 神在我們內心深處舉行筵席，祂是筵席的主人……〔祂〕要我們把內裏那些貧窮的、殘廢的、瞎眼的、瘸腿的部分請來坐席。然後，永活的基督便會張開雙臂，將它們帶進祂正在耐心建造的新人裏面。[1]

重溫過往某些重要的關係，包括從中的得益和虧損，亦會帶來一定的好處。其中一些重要的關係，可能已在寫自己故事時講述過。若然沒有，我們就該花些時間來逐一找出和反省自己有過的最重要關係，思考自己可從當中學習甚麼。別人對你的重要性是否遠超過從前？你是否一直以忠誠對待朋友，即使他們並不曉得？你的朋友會如何評價你對他們的愛？在他們心目中，你對他們的愛最大的缺陷是甚麼？

這便帶領你來到準備工夫中最後的一個操練，那就是與你一位最好的朋友談及你應該要處理的問題。雖然這需要有極大的勇氣，但這種暴露自己弱點的決心，卻具有激發成長的巨大效能。配偶、兒女、室友和好友，都可以看見你自我中的某些面貌，這些面貌是別人無法看見的。因此，他們通常最能夠對那些影響我們心理靈性成長的問題，給予最合適的評語。我們需要做的，就只是勇於邀請他們一談。

接受心靈關顧的經驗

當然，找到適合人選和做足事前準備，只是整個過程的開始。接著要面對的挑戰，就是要保持誠實、勇於面對自己、剖白自己的軟弱，和定意追求真理及成長，如此才能使對話帶來果效，以及獲得成功的經驗。

一個人能夠從心靈關顧的關係形式中獲益多少，在某程度上當然是關係到提供關懷那一方的，但最重要的，還是取決於接受關懷者本人的態度：獲益與否，主要在乎他的動機和誠實。那些切望更深地認識自己和神，以及決心要活在真理中的人，必然可以透過不同的關懷形式，獲得顯著的成長。他們那種毫不放鬆的誠實，和要真正活出真我的熱誠，是最差勁的關懷者也不能動搖的。這樣的一個人，在某位認識心理靈性互動關係，並在信仰路途上有豐富經驗的人之引導下，必然有不斷成長之可能。

接受心靈關顧的經歷，有改變生命的潛在力量。它可以刺激人的思想、滋潤人的心靈，和修復人的心靈。有時，甚至一次短暫的溝通也可能得出這樣的果效。當然，更常見的是逐漸累積成果，而且，正如前面所述，進展之中也可能出現倒退的情況。

接受心靈關顧的時候，與其抱著一生只需一次的心態，不如預期每隔一段時期再回來接受同一種或另一種關懷。現在只需記著你所需要和對你有用的經驗，然後，下次當你有其他需要或能再用到這經驗時，再回想這些經歷。尤其是在接受治療式心靈關顧時，人們一開始通常只想著解決問題，因此便排除了進一步協助的需要。這不單是不切實際，而且，也不是最明智的做法。人們應該按著不同需要和關注點的出現，而提出他們需要心靈關顧，並且，更應該把它視為心理靈性不斷成長的一個必經過程。

接受心靈關顧的經驗應該可以使我們更懂得關心自己和別人的心靈。這施受的交匯點，是非常多姿多采和可向多方面發展的。藉著施予關懷，我們就得著關懷；而透過接受關懷，我們往往又能有某些東西給予別人。關心自己的心靈，我們才更能關懷別人的心靈；而在關懷別人的過程中，我們又學曉要關心自己。在基督徒成長的過程中，關懷成了一塊重要的踏板。藉著施予與接受，我們變得更加完全，而且，能夠分享別人成長的喜悅，也是莫大的福氣。

註釋

導言

1. 參Jeffrey Boyd, *Reclaiming the Soul: The Search for Meaning in a Self-Centered Culture*(Cleveland: Pilgrim Press,1996)，當中的討論幫助我們明白到神學家應為心靈的失落所負上的責任。筆者在完成本書的初稿之後才發現這本令人著迷的重要著作。該書的作者支持要重新找回基督教對靈魂的傳統看法，並且提出了一些重要的途徑，使到這個傳統的看法足以提供一個更能滿足人需要的關懷模式。
2. Robert Woodworth 在他的*Psychology: A Study of Mental Life*(London: Methuen,1923)中曾經指出：「心理學並不喜歡自稱為靈魂的科學，因為它帶有一種神學味道，而且它所提出的問題，至今似乎還不可以透過科學研究來處理」(頁1)，正好一語道出這種心態。
3. Thomas Moore, *Care of the Soul: A Guide for Cultivating Depth and Sacredness in Everyday Life*(New York: Harper Collins, 1992).

1. 何謂心靈關顧？

1. George Eldon Ladd, *A Theology of the New Testament*(Grand Rapids: Eerdmans,1974), p. 457。以下兩位作者也支持這種見解：Hugh McDonald, *The Christian View of Man*(Westchester, Il.: Good News, 1981)，和G. C. Berkouwer, *Man: The Image of God*(Grand Rapids: Eerdmans, 1962)。
2. 這裏必須指出，把人視為整全和一體，並不等於要接受一元論的哲學觀念。John Cooper在其著作*Body, Soul and Life Everlasting: Biblical Anthropology and the Monism-Dualism Debate*(Grand Rapids: Eerdmans, 1989)中，為他提出的「整全的二元論」作出辯解時，清楚指出這點。

3. Thomas Oden, *Pastoral Theology*（San Francisco: Harper & Row, 1983）, p. 187。第四世紀的Gregory of Nyssa，在其著作 *Pastoral Care*（Westminster, Md.: Newman, 1950）, 13:210 提出了一個幾乎完全一樣的定義。
4. Pedro Lain Entralgo, *The Therapy of the Word in Classical Antiquity*（New York: Basic Books, 1970）.
5. Plato, 'Apology', in *Great Books of the Western World,* ed. Robert Maynard Hutchings（Chicago: Encyclopedia Britannica, 1952）, 7:206.
6. John McNeill, *A History of the Cure of Souls*（New York: Harper & Row, 1951）, p. vii.
7. 這裏論及猶太人的心靈關顧的內容，基本上是引自John McNeill 的 *A History of the Cure of Souls*。Don Browning 在 *The Moral Context of Pastoral Care*（Philadelphia: Westminster Press, 1976）中，就此猶太傳統對基督徒關懷工作的啟發，作出了精闢的討論。
8. McNeill, *Cure of Souls,* p. 7.
9. McNeill, *Cure of Souls,* p. 77.
10. Martin Luther, *Three Treatises*（Philadelphia: Fortress Press,1960）, p. 210.
11. Kenneth Leech, *Soul Friend*（San Francisco: Harper & Row, 1977）, p. 44.
12. 想進一步探討有關基督徒要感同身受地關懷別人這個主題，可參看David G. Benner, 'The Incarnation as a Metaphor for Psychotherapy'，載*Journal of Psychology and Theology* 11（1983）: 287～294。
13. T. Tapert, ed. and trans., *Luther: Letters of Spiritual Counsel*（Philadelphia: Westminster Press, 1955）.
14. Tilden Edwards, *Spiritual Friend*（New York: Paulist, 1980）.（Leech的著作參註11）。
15. William Clebsch and Charles Jaekle, *Pastoral Care in Historical Perspective*（New York: Aronson, 1964）.
16. Stephen Pattison, *A Critique of Pastoral Care*（London: SCM, 1988）, p. 13.
17. Browning, *Pastoral Care,* p. 59.

2. 治療式心靈關顧的興起

1. McNeill, *Cure of Souls,* p. 178.
2. Leech, *Soul Friend,* p. 77.
3. E. Brooks Holifield, *A History of Pastoral Care in America*（Nashville: Abingdon Press, 1983）, p. 201.
4. Holifield, *Pastoral Care in America,* p. 356.

5. Jan Ehrenwald, *Psychotherapy: Myth and Method*（New York: Grune & Stratton, 1966）, p. 10.
6. Ehrenwald, *Psychotherapy,* p. 16.
7. Jacob Needleman, *A Sense of the Cosmos*（Garden City, N. Y.: Doubleday, 1975）, p. 107.
8. Jeffrey Boyd 在評論當代心理治療員的用語中，已沒有心靈一詞時指出，儘管臨床精神健康專業人員不會採用這個字詞，他們卻不可能避免談及和處理這個事實。他指稱：「心理治療員為心靈所起的名字，比愛斯基摩人給雪所起的名字還多，它們計有：我、你、我自己、你自己、自我、心理、全人、思想、心、意識、人格、心力、力比多、主觀經驗、主觀性、身分、本質、感受、情感、認知過程、思考、內在的自我、人性、本性、內在的我、我是誰、你是誰——這些都是心靈的名字，而且還有更多。」(*Reclaiming the Soul,* p. 53)
9. Thomas, Oden, *Care of Souls in the Classic Tradition*（Philadelphia: Fortress Press, 1984）, p. 33.
10. Thomas Szasz, *The Myth of Psychotherapy*（Garden City, N. Y.: Anchor, 1978）, p. 188.
11. Szasz, *Myth of Psychotherapy,* p. 27～28.
12. Thomas Oden, *The Intensive Group Experience: The New Pietism*（Philadelphia: Westminster Press, 1972）.
13. Paul Vitz, *Psychology as Religion*（Grand Rapids: Eerdmans, 1977）.
14. Lucy Bregman, *The Rediscovery of Inner Experience*（Chicago: Nelson-Hall, 1985）, p. 1.
15. E. Mansell Pattison, 'Psychosocial Interpretations of Exorcism', in *Journal of Operational Psychiatry* 8（1977）: 18.
16. Ehrenwald, *Psychotherapy,* p. 10.
17. Vitz, *Psychology as Religion.*
18. Phillip Riett, *The Triumph of the Therapeutic*（New York: Harper & Row, 1966）.
19. Perry London, *The Modes and Morals of Psychotherapy,* 2nd ed.（Washington, D. C.: Hemisphere, 1986）。另參Stanton Jones, 'A Constructive Relationship for Religion with the Science and Profession of Psychology'，載*American Psychologist* 49（1994）: 184～199.
20. Carl Jung, *Modern Men in Search of a Soul*（New York: Harcoust, Brace & Co., 1933）, p. 238.
21. Don Browning, *Religious Thought and the Modern Psychologies*（Philadelphia: Fortress Press, 1987）.
22. Brock Kilbourne and Jame Richardson, 'Psychotherapy and New Reli-

gions in a Pluralistic Society', in *American Psychologist* 39(1984): 237～251.

23. Rieff, *Triumph of the Therapeutic.*
24. Browning, *Religious Thought,* p. 120.
25. Browning, *Religious Thought*。特別參看該書作者在第四章(頁61～93)討論人文主義心理學所隱含的道德觀。

3. 心靈的領域

1. Glen Whitlock, 'The Structure of Personality in Hebrew Psychology', in *Interpretations*(January 1960): 10～11.
2. Berkouwer, *Man,* p. 200.
3. Laidlaw, *Doctrine of Man,* p. 55.
4. Leech, *Soul Friend,* p. 106.
5. Arnold DeGraff, *Views of Man and Psychology in Christian Perspective*(Toronto: Association for the Advancement of Christian Scholarship, 1977), p. 164.
6. John Watson, *Introduction to Behaviorism*(Chicago: University of Chicago Press, 1930), p. v.
7. Calvin Hall and Gardner Lindzey, *Theories of Personality,* 3rd ed.(New York: Wiley, 1978), p. 270～271.
8. 以下的著作對弗洛依德的宗教觀提出了精闢易明的討論，參Edwin Wallace的 'Freud and Religion: A History and Reappraisal'，載*The Psychoanalytic Study of Society,* vol. 10, ed. L. Bryce Boyer, Werner Muensterberger and Simon Grolnick(Hillsdale, N. J.: Erlbaum, 1983)。
9. Carl Jung, 'Modern Man in Search of a Soul', in *The Collected Looks of C. G. Jung,* vol. 11, ed. Herbert Read and Michael Fordham(New York: Harcoust, Brace & Co. 1933), p. 164.
10. Moore, *Care of the Soul,* 特別是十和十一章。
11. 參例：David G. Benner and C. Stephen Evans, 'Unity and Multiplicity in Hypnosis, Commissurotomy, and Multiple Personality', in *The Journal of Mind and Behavior* 5(1984): 423～432。
12. Robert Ader, ed., *Psychoneuroimmunology*(New York: Academic Press, 1981).
13. 儘管psychoneuroimmunology這個專有名詞已夠嚇人，有些研究人員還提議把內分泌系統納入在PNI的研究範圍；若然如此，新的專有名詞將會是psychoneuroendocrinoimmunology，通常簡稱為PNEI。
14. 想對精神神經官能症免疫學作一非專門性的概覽，以下均是一些很好的參考資料：Kenneth Pelletier, *Mind as Healer, Mind as Slayer*(New York: Dell Publishing, 1992); Steven Locke and Douglas Colligan,

The Healer Within（New York: Dutton, 1986）; Joan Borysenko, *Mending the Mind, Minding the Body*（Reading, Mass.: Addison-Wesley, 1987）; 及Bernie Siegel, *Love, Medicine and Miracles*（New York: Harper, 1986）。此外，這部分的參考資料還有Ulrich Kropiunigg, 'Basics in Psychoneuroimmunology'，載*Annals of Medicine* 25（February, 1993）: 473～478。
15. Siegel, *Love, Medicine and Miracles,* p. 148.
16. C. B. Thomas et al., 'Cancer in Families of Former Medical Students Followed to Mid-Life', in *Johns Hopkins Medicine* 151（1982）: 193～202.
17. Siegel, *Love, Medicine and Miracles*, p. 178.

4. 心理與靈性

1. Paul Tillich, *Systematic Theology*（Chicago: University of Chicago Press, 1951）.
2. Robert Doran, 'Jungian Psychology and Christian Spirituality: III', in *Review for Religious* 38（1979）: 857～866.
3. Sigmund Freud, 'Totem and Taboo', in *The Standard Edition of the Complete Psychological Works of Sigmund Freud,* vol. 13, trans. and ed. James Strachey（London: Hogarth Press, 1913）, p. 157.
4. Sigmund Frend, 'The Future of an Illusion', in *Complete Psychological Works,* vol. 21, trans. and ed. Strachey, p. 31.
5. Verda Heisler, 'The Transpersonal in Jungian Theory and Therapy', in *Journal of Religion and Health* 12（1973）: 337～338.
6. Michael Fordham and Herbert Read, eds., *The Collected Works of C. G. Jung,* vol. 11（Princeton., N. J.: Princeton University Press, 1985）.
7. Browning, *Religious Thought,* p. 168.
8. Doran, 'Jungian Psychology', p. 861.
9. John Sanford, ed., *Fritz Kunkel: Selected Writings*（New York: Paulist Press, 1984）, p. 54～55.
10. Sanford, ed., *Fritz Kunkel*, p. 140, 149.
11. Sanford, ed., *Fritz Kunkel,* p. 154.
12. Søren Kierkegaard, *Fear and Trembling and the Sickness unto Death*（Princeton, N. J.: Princeton University Press, 1954）, p. 146.
13. Kresten Nordentoft, *Kierkegaard's Psychology*（Pittsburgh: Dusquesne University Press, 1972）, p. 89～90.
14. Kierkegaard, *Fear and Trembling,* p. 211.
15. H. Newton Malony, ed., *A Christian Existential Psychology: The Contributions of John G. Finch*（Washington, D. C.: University Press of America, 1980）, p. 207.

16. Malony, ed., *A Christian Existential Psychology,* p. 377.
17. Malony, ed., *A Christian Existential Psychology,* p. 183.
18. Adrian van Kaam, *On Being Yourself: Reflections on Spirituality and Originality*（Denville, N. J.: Dimension Books, 1972）.
19. van Kaam, *On Being Yourself,* p. 7.
20. van Kaam, *On Being Yourself,* p. 54.
21. Gerald May, *Will and Spirit: A Contemplative Psychology*（San Francisco: Harper & Row, 1982）, p. 30.
22. May, *Will and Spirit,* p. 6.
23. May, *Will and Spirit,* p. 32～33.
24. May, *Will and Spirit,* p. 30.
25. May, *Will and Spirit.*
26. William McNamara, 'Psychology and the Christian Mystical Tradition', in *Transpersonal Psychologies,* ed. Charles Tart（New York: Harper & Row, 1975）, p. 405.

5. 基督徒的靈性

1. *May, Will and Spirit,* p. 33.
2. *May, Will and Spirit.*
3. Urban Holmes, *A History of Christian Spirituality*（New York: Seabury, 1980）, p. 4.
4. Wayne Oates, ed. and trans., *Basic Writings of Saint Augustine*（Grand Rapids: Baker, 1980）, 1:3.
5. John Calvin, *Institutes of the Christian Religion,* ed. John T. McNeill（Philadelphia: Westminster Press, 1960）.
6. James Finley, *Merton's Palace of Nowhere: A Search for God through Awareness of the True Self*（Notre Dame, Ind.: Ave Marie Press, 1978）, p. 31.
7. Thomas Merton, *New Seeds of Contemplation*（New York: New Directions, 1961）, p. 32.
8. van Kaam, *On Being Yourself,* p. 8.
9. Dag Hammarskjöld, *Markings*（New York: Knopf, 1969）, p. 19。編按：此處中譯文節錄自韓瑪紹著，莊柔玉譯：《痕／迹》（香港：基道，2000），頁18。
10. Christopher Levan, *The Dancing Steward: Exploring Christian Stewardship Lifestyles*（Toronto: United Church Publishing House, 1993）, p. 129.
11. Alistair Campbell, *Paid to Care*（London: SPCK, 1985）, p. 20.
12. Dallas Willard, *The Spirit of the Disciplines*（San Francisco: Harper & Row, 1988）, p. 31.

6. 心靈關顧的心理靈性焦點

1. Victor Frankl, *Man's Search for Meaning: An Introduction to Logotherapy*(New York: Simon & Schurter, 1962).
2. Dorothy Sayers, *The Mind of the Maker*(San Francisco: Harper & Row, 1941).
3. Abraham Maslow, *Motivation and Personality*(New York: Harper & Row, 1970).
4. Henri Nouwen, *Reaching Out*(Garden City, N. Y.: Doubleday, 1966), p. 26.
5. Rudolf Otto, *The Idea of the Holy*(London: Oxford University Press, 1923).
6. Otto, *The Idea of the Holy,* p. 8～9.
7. 有關心理靈性健康的進一步討論，可參看David G. Benner, *Free at Last*(Belleville, Ontario: Essence Publishing, 1998)。
8. Howard Clinebell, *Mental Health Through Christian Community*(Nashville: Abingdon Press, 1965), p. 20.

7. 心靈關顧中的對話

1. David Bohm, *Unfolding Meaning*(Loveland, Col.: Foundation Howze, 1985).
2. 這個吸引我的重點，是由Peter Senge提出的，他在機構間的演講中大力推動人運用對話。以下將對話與討論之間的區分，不少是來自他的觀念，參看Peter Senge, *The Fifth Discipline: The Art and Practice of the Learning Organization*(New York: Doubleday, 1994)。
3. Martin Buber, *The Knowledge of Man*(London: George Allen & Unwin, 1965).
4. Buber, *Knowledge of Man.*
5. Sigmund Freud, 'Fragment of an Analysis of a Case of Hysteria', in *Complete Psychological Works,* vol. 7, trans and ed. Strachey, p. 77.
6. Sigmund Freud, 'Recommendations to Physicians Practicing Psychoanalysis', in *Complete Psychologied works,* vol. 11, trans and ed. Strachey, p. 111.
7. Carl Rogers, 'A Theory of Therapy, Personality, and Interpersonal Relationships, as Developed in the Client-Centered Framework', in *Psychology: A study of Science,* vol. 3, ed. S. Koch(New York: McGraw-Hill, 1959), p. 184~256.
8. Harry Stack Sullivan, *The Psychiatric Interview*(New York: Norton, 1954).
9. Theodore Reik, *Listening with the Third Ear: The Inner Experience of a Psychoanalyst*(New York: Noonday Press, 1983).

10. Maurice Friedman, *Dialogue and the Human Image: Beyond Humanistic Psychology* (Newbury Park, Calit.: Sage Publications, 1992), p. 60, 64.
11. François Fénelon, *Spiritual Letters to Women* (New Canaan, conn.: Keats, 1980), p. 24.
12. Dietrich Bonhoeffer, *Life Together* (New York: Harper, 1959), p. 97～98.
13. C. S. Lewis, *Mere Christianity* (New York: Macmillan, 1943).
14. Browning, *Pastoral Care,* p. 77～79.
15. James Mundackal, *Man in Dialogue* (Alwaye, India.: Pontifical Institute Publications, 1977), p. 106.

8. 夢、潛意識和心靈的語言

1. John Sanford, *Dreams and Healing: A Succinct and Lively Interpretation of Dreams* (New York: Paulist Press, 1978), p. 12.
2. Sanford, *Dreams and Healing,* p. 101.
3. Sanford, *Dreams and Healing,* p. 109.
4. 解夢理論的著作包括有：Sigmund Freud, *The Interpretation of Dreams* (New York: Basic Books, 1955); James Hilman, *The Dream and the Underworld* (New York: Harper & Row, 1979); Carl G. Jung, *Dreams* (Princeton: Princeton University Press, 1974)。有關解夢技巧的著作則有：Mary Mattoon, *Applied Dream Analysis: A Jungian Approach* (Washington D. C.: Wiley, 1978); Jeremy Taylor, *Dream Work: Techniques for Discovering the Creative Power in Dreams* (Ramsey, N. Y.: Paulist Press, 1983); Strephon Williams, *Jungian-Senoi Dreamwork Manual* (Berkeley: Journey Press, 1980).
5. Morton Kelsey, *Dreams: A Way to Listen to God* (New York: Paulist Press, 1978); Louis Savary, Patricia Berne, and Strephon Williams, *Dreams and Spiritual Growth: A Judeo-Christian Way of Dreamwork* (New York: Paulist Press, 1984); Sanford, *Dreams and Healing.*
6. Sanford, *Dreams and Healng*, p. 21.
7. 在Kelsey的*Dreams*，頁 11～12中引用。
8. 參例：W. R. D. Fairbairn, *An Object Relations Theory of Personality* (New York: Basic Books, 1952); Otto Kernberg, *Object Relations Theory and Clinical Psychoanalysis* (New York: Aronson, 1976)。
9. 以下的資料主要引自Savary, Berne and Williams, *Dream and Spiritual Growth*。此書提供了分析夢的三十七種技巧，適合用於基督教心靈關顧中。
10. Savary, Berne and Williams, *Dream and Spiritual Growth,* p. 23.
11. Savary, Berne and Williams, *Dream and Spiritual Growth,* p. 60.

9. 基督教的心靈關顧方式

1. David G. Benner, *Strategic Pastoral Counseling*（Grand Rapids: Baker, 1992）, p. 199.
2. Merton, *New Seeds of Contemplation,* p. 194～95.
3. 大多數靈性導師都是附屬於退修中心的，雖然有些是附屬教會或牧養輔導中心。由於羅馬天主教最能保存靈性指導的火焰持續不滅，因此，北美洲的退修中心大多數是屬於天主教的。近幾年，復原派亦發展了一些靈性指導的訓練課程，陸續有畢業生，結果將開始推動跨宗派的靈性退修中心的發展。
4. Hendrika Vande Kemp, 'Spirit and Soul in No-man's Land: Reflections on Haule's Care of Souls', in *Journal of Psychology and Theology* 11（1983）: 119.
5. David G. Benner, *Psychotherapy and the Spiritual Quest*（Grand Rapids: Baker, 1988）.
6. Bernard Tyrrell, *Christotherapy* II（New York: Paulist Press, 1982）.
7. 有關深切心靈關顧退修的更多資料，可透過互聯網，向Institute for Psychospiritual Health 索取，網址：www.redeemer.on.ca/～iph，或透過電郵iph@redeemer.on.ca或通過出版商與作者聯絡。

10. 基督教心靈關顧的挑戰

1. *Henrik Ibsen: Four Major Plays*（New York: Penguin Books, 1965）, 1: 351.
2. Thomas Oden, *Pastoral Theology*（New York: Harper & Row, 1983）, p.189.
3. Alan Jones, *Soul Making: The Desert Way of Spirituality*（San Francisco. Harper & Row, 1985）, p. 1.
4. Jones, *Soul Making,* p. 189.
5. Willam Barry and William Connolly, *The Practice of Spiritual Direction*（San Francisco: Harper & Row, 1982）, p. 125.
6. Oden, *Pastoral Theology,* p. 189.
7. Oden, *Pastoral Theology,* p. 195.
8. 例子可參Theodore Sarbin編的*Narrative Psychology: The Storied Nature of Human Conduct*（New York: Praeger, 1986），可對此豐富和愈見重要的嶄新見解作初步認識。從基督教角度出發，特別重視輔導中故事之作用的，參Paul Vitz, 'Narratives and Counseling, Part I: From Analysis of the Past to Stories About It'，載 *Journal of Psychology and Theology* 20（1992）: 11～19及Paul Vitz, 'Narratives and Counseling, Part 2: From Stories of the Past to Stories for the Future'，載*Journal of Psychology and Theology* 20（1992）: 20～27.

9. Campbell, *Paid to Care,* p. 68.
10. 這個心靈嚮導就如恩典的助產士觀念，乃來自E. Glenn Hinson的'Recovering the Pastor's Role as Spiritual Guide'，載*Spiritual Dimensious of Pastoral Care,* ed. G. Borchat and A. Lerter（Philadelphia: Westminster Press, 1985）, p. 27～41.
11. 這是引自William Butler Yeat的，可惜筆者未能在其已出版的書籍中找到出處。

11. 接受心靈關顧

1. Trevor Hudson, *Christ-Followig: Ten Signposts to Spirituality*（Grand Rapids: Revell, 1996）, p. 81.

人名對照

A

Adler, Alfred 阿德勒
Allport, Gordon 奧爾波德
Augustine, St. 聖奧古斯丁

B

Baxter, Richard 巴克斯特
Berkouwer, G. C. 柏寇偉
Bohm, David 波姆
Bonhoeffer, Dietrich 潘霍華
Bourne, Immanuel 布尼爾
Bregman, Lucy 布雯
Browning, Don 勃朗寧
Buber, Martin 布伯
Bucer, Martin 布塞珥

C

Calvin, John 加爾文
Campbell, Alistair 甘堡
Cassian, John 卡西尼
Cicero, 106～43 B. C. 西塞羅
Clebsch, William 加略祈
Clinebell, Howard 祈連堡

D

DeGraff, Arnold 狄格輝
Descartes, René 笛卡兒
Doran, Robert 多安
Dorotheos, St. 聖多羅非奧斯

E

Eckhart, Meister 艾哈特
Edwards, Tilden 愛華士
Ehrenwald, Jan 愛倫華特
Entralgo, Pedro Lain 佩德羅

F

Finch, John 芬柱
Finley, James 芬尼
Frankl, Victor 弗蘭克爾
Freud, Sigmund 弗洛依德
Friedman, Maurice 費狄文
Fénelon, François 費尼倫

G

Gregory the Great 大貴格利

H

Hall, Calvin 赫爾
Hammarskjöld, Dag 韓瑪紹
Heisler, Verda 希斯利
Holifield, E. Brooks 何利夫特

V

van Kaam, Adrian 范甘
Vitz, Paul 維茨

W

Walsh, James 夭爾殊
Watson, John 華生
Wesley, John 衞斯理約翰
Whitlock, Glen 韋諾
Willard, Dallas 威拉德
Worcester, Elwood 伍斯特

Z

Zwingli, Huldrych 慈運理

貝內爾著作一覽

Baker Encyclopedia of Psychology（主編）
Psychotherapy in Christian Perspective（主編）
Psychotherapy and the Spiritual Quest
Christian Counseling and Psychotherapy
Psychology and Religion（主編）
Counseling and the Human Predicament: A Study of Sin, Guilt, and Forgiveness （合編）
Healing Emotional Wounds
Christian Perspectives on Human Development（合編）
Strategic Pastoral Counseling: A Short-Term Structured Model
Understanding and Facilitating Forgiveness（合著）
Choosing the Gift of Forgiveness: How to Overcome Hurts and Brokenness（合著）
Money Madness and Financial Freedom: The Psychology of Money Meanings and Management
Free at Last: Breaking the Bondage of Guilt and Emotional Wounds
Baker Encyclopedia of Psychology and Counseling, 2nd ed.（合編）

讀者意見表

緊扣時代 服事教會

以文字傳揚基督真道

衷心多謝你購買本社書籍。本社一直致力以出版事工服事教會，幫助信徒扎根於神的話語，促進靈命增長。為使我們的出版更能滿足你的需要，請填寫下列各項資料，並寄回或傳真予本社。

所購書籍：________________

本書最吸引你的地方：
□作者 □適切性 □文筆 □設計 □實用性
□其他：________________

購買本書地點：
□基道書樓 □基督教書店 □非基督教書店

性別：□男 □女 職業：________________

信仰：□基督徒 □非基督徒

年齡：□ 16 歲或以下 □ 17～25 歲 □ 26～35 歲
□ 36～55 歲 □ 56 歲或以上

學歷：□中三或以下 □中五 □預科
□大學 □研究院

□我欲更多了解基道出版社的事工及考慮支持，請寄給我下列資料：
□機構簡介 □新書資料 □「書中行」書會資料
□《基道文字事工通訊》

姓名：________________電話：________________

地址：________________

____

傳真：________________ 電子郵件：________________

其他意見：________________

____

多謝賜教！

意見表可以傳真（2687-0281）或直接郵寄以下地址：
香港沙田火炭坳背灣街26號富騰工業中心1011室
基道出版社編輯部收